전쟁

지은이 감사의 글

오스트리아 연방군 제18기 참모교육과정에 참가하여 진지하게 학술적인 대화를 나누어준 교육생 여러분들께 감사 드린다. 이 대화는 나로 하여금 전쟁이라는 현상을 바라보는 고도로 전문화된 군사학적 시각에 대해 깊이 있게 통찰하는 것을 가능하게 해주었다.

전쟁
유럽 정신사의 기본 개념 9

지은이 크리스티안 슈타들러 | 옮긴이 이재원 | 처음 찍은 날 2015년 5월 20일 | 처음 펴낸 날 2015년 5월 27일 | 펴낸곳 이론과실천 | 펴낸이 김인미 | 등록 제10-1291호 | 주소 (121-842) 서울시 마포구 잔다리로 71 (서교동, 아내뜨빌딩) 503호 | 전화 02-714-9800 | 팩스 02-702-6655

Krieg (Grundbegriffe der europäischen Geistesgeschichte, 10 vol)
By Christian Stadler, edited by Konrad Paul Liessmann

ISBN 978-89-313-6063-9 04160
　　　978-89-313-6054-7 (전10권)

*값 9,800원
*잘못된 책은 바꿔 드립니다.

유럽 정신사의 기본 개념
09

전쟁
Krieg

콘라트 파울 리스만 편저
크리스티안 슈타들러 지음 | 이재원 옮김

이론과 실천

일러두기

각각의 인용문 뒤에는 원저에 관한 정보가 있다. 예) (플라톤 1991a, 202) 맨 뒤 참고 문헌에서 괄호 안의 저자와 해당 연도를 찾으면 자세한 책 정보를 확인할 수 있다.

차례

왜 전쟁인가?

전쟁의 프로필

부록

언젠가 그들이 전쟁을 치러도 아무도 참가하지 않을 것이다.

칼 샌드버그, 1936

왜 전쟁인가?

—

전쟁의 신 폴레모스의 출현 방식으로 본 전쟁

폴레모스(전쟁)의 형이상학에 관하여

전쟁은 언제나 일어나고 있을 뿐 아니라 국제정치에 끊임없이 등장하는 단골 고객이다. 그와 동등한 평화에 대한 거대한—말하자면 영원한—희망은 결코 이루어지지 않을 것처럼 보인다. 구소련의 몰락과 함께, 그 축제적 흥분의 순간 후쿠야마가 1992년 "냉전의 종말"을 외침으로써 이것이 서구 문명의 승리라고 믿었지만, 그 이후에 더욱 피로 얼룩진 사건들이 터지면서 우리는 사실상 전쟁이 끊임없이 일어날 가능성의 흐름 속으로 다시 빠지게 되었다. '경험상 언제 어디서나 입증되었던' 이런 결과들에 절망하지 않으려면, 그 원인에 대한 관대한 해명을 과감하게 거부하고 모호하게 은폐된 그 원인들을 개념화하여 명백히 밝혀야 한다.

따라서 이 책은 하나의 발견을 시도할 것이다. 여기서 중요한 것은 대략 *전쟁*의 형이상학적인 무자비함과 더불어 전쟁의 원인을 서구 사상의 근원에서 탐색해보고, 역사적 현상인 '전쟁'을 역사적 실체로 사색할 수 있도록 만든 정치적 과정들의 심층구조를 펼쳐 보이는 것이다. 이런 과감한 시도는 궁극적으로 파우스트적 성격을 지니지만, 항상 악이 되려는 그 힘을 거론하는 것도 이에 못지않게 중요하다.

전쟁에 대한 고전적 성찰 과정에 있어서는 이론과 실천, 형이상학과 윤리, 존재와 당위의 변증법을 항상 의식하는 것이 핵심이다. 이론 없이는 어떤 실천도 생각할 수 없고, 인식 없이는 어떤 행위도 존재할 수 없으며, 개념 없이는 어떤 직관도 있을 수 없다. 인식은 항상 그 자체로 행위를 이미 만들어내고, 이론은 항상 그 자체로 실천을 이미 만들어내며, 존재는 항상 그 자체로 당위를 이끈다는 것을 인식할 수 있어야만 한다. 인식이 행해져야 하고, 이론이 주어져야 하며, 존재가 확인되어야만 일반적으로 [무언가] 일어날 수 있다는 것을 알아야 한다. 이렇게 우리가 알고 있는 모든 것이 실천으로 이어지고, 그것이 사행Tathandlung이 되며 선험적으로 주어진 실천행위가 되어야 실천이나 행위 그리고 당위가 일반적으로 가능해질 것이다.

이런 의미에서—정통 칸트주의적 전통에서—전쟁도 비판할 수 있지만, 그것은 감정에 따라 미리 도덕적 유죄판결을 내린다는 의미에서가 아니라 전쟁을 현상적으로만 다루지 않고 그 실체까지 파고든다는 의미에서이다. 윤리적 문제를 철저하게 따져보기 위해서는 형이상학적 예리함이 필요하다. 이러한 형이상학적 시선은 그 자체로 이미 윤리적 실천과 다름없다. 이런 시선을 던질 수 있는 사정도 있고, 그것을 던질 수 없는 사정도 있겠지만 전쟁이라는 역사적 현상 이면에 숨어 있는 역사적 실체를 보고자 하는 이 형이상학적 시각은 책임감이 뒤따르는 행위이다. 무엇보다 예전부터 전쟁과 전쟁의 실체와 진실에 대해 도덕적으로 숭고한 의미를 부여한 결과 전쟁 자체에 대한 정확한 인식이 결핍되었고, 이로 인해 전쟁을 제대로 통제할 수 없게 되었다. 이에 각별한 애정을 가지고 전쟁에 대해 바라보지 않으면(칼 슈미트), 전쟁의 본질을 바라보는 시각—그것이 비록 존재한다 하더라도—의 날카로움은 더욱 무뎌질 것이다.

폴레모스(전쟁)의 전개 요인들

전쟁의 요인들을 찾는 것과 연관해서 최근 안드레아스 헤르베르크-로테(2003)는 윤리적 정당성 내지 법적인 합법성을 통해 전쟁은 제한된다는 독창적 변증법을 제기했다. 이 변증법은 사실상 전쟁에 대한 숙고에서 방향성과 질서를 부여해주는 구조적 출발점이 될지 모른다. 이 책에서 곧 알게 되겠지만, 그것은 단지 역사적 고찰방식에서만이 아니다.

제한된 전쟁과 정치 도덕성: 서구에서 전쟁에 대해 사고하기 시작한 것은 이미 고대 그리스 시대부터다. 고대 유럽의 정신사적 서막은 트로이 몰락이며, 끝은 트로이 사람들이 로마를 건국한 것이다. 고대 사상의 절정은 플라톤(윤리)과 키케로(법) 그리고 아우구스티누스(신앙)라는 것은 의심의 여지가 없다. 전쟁에 대한 그들의 성찰은 조화에 관한 우주론적 질문의 형식으로 제기된 직접적 도덕성의 정신을 특징으로 하고 있다. 이들의 질문은 추상적이고 외적 정의Gerechtigkeit라는 주제를 통해 인류학과 연결된다. 고대 사상의 이런 직접적인 정치적 규범성은, 첫 번째 장에서 정치적 도덕성의 관

점에서 조명될 것인데, 이런 정치적 도덕성의 극복은 아우구스티누스의 두 개의 국가론Zweistaatenlehre의 변증법에서 비로소 암시된다.

합법적 전쟁과 합리적 적법성 : 고대와 서유럽의 중세 이후—동유럽에서는 고대 사상이 1500년경쯤 돼서야 몰락했다—마키아벨리의 새롭고 낯선 사상과 함께 '합리주의 시대'가 도래했다. 이로 인해 전쟁은 근본적으로 두 국가 간 싸움의 도구로만 파악되었다. 무엇보다 스페인 살라망카 학파는, 고전적 논의들을 그대로 이어받아 근대적으로 발전시키면서 이런 가치중립적인 전쟁관을 근대 국제법의 토대로 간주했다. 왜냐하면 정당한 근거*causa iusta*, 권위 *auctoritas* 그리고 법의 형태*forma iuris*를 전쟁을 정당화하는 토대로 보았기 때문이다. 정당한 근거*ius ad bellum*, 국가적인 권위*ius belli*와 법에 따라 수행된*ius in bello* 것이라면 이제 전쟁도 합법적인 것이 되었다. 이렇게 하여 전쟁은 전형적인 법률행위로 전환된다. 물권법상 중요한 대상, 관련기관 그리고 법적인 절차는, 중세라는 규범으로 통합된 세계가 몰락한 이후 전쟁을 정당화—이와 함께 전쟁에 대한 새로운 제한화—하는 분위기 속에서 철저하게 고려되었다. 중세에서 근대로의 이런 급격한 변화에 직면해서, 그로티우스는 전쟁을 법적으로 정당화하고 보호하려는 분위기 속에서 도덕성을 법제화한 핵심적 인물이었다. 하지만 도덕적 자제력을 잃은 경건하지 못한 종교전쟁들은 더 이상 통제될 수 없었다. 그 후 스피노자는 범신론적이고 동시에 보편적이며 연역에 토대를 둔 냉혹한 이성의 지배에 대한 통찰을 통해 서구사상의 패러다임을 변혁하게 되는데, 홉스는 마키아벨리의 이론을 배경으로 영국의 시민전쟁을 보면서

이런 이성의 지배를 귀납적으로 받아들였다. 즉 그는 국가의 생존을 위해 궁극적인 근거를 대는 기능을 이성의 핵심 계명으로 보았다. 마지막으로 칸트는 선험적 자율성을 근거로 그로티우스의 입장을 비판했다.

정당한 전쟁과 문화적 윤리성 : 지정학적인 이유로만 정당화되었던 바로크적 위엄이 비더마이어풍에서 다양하게 소진되고, 프랑스 혁명에 의해 국제정치 무대에서 사라진 이후, 19세기는 이성에 의한 합리주의적 계몽이라는 낯선 사상을 만나게 되었다. 이에 대한 반동으로 변증법적 이성 낭만주의가 발전되었는데, 이것은 고대로 순환하는 방식으로 전쟁의 도덕화를 거쳐 문화 폴리스로 옮겨가려 했던 중세를 종합적으로 다시 평가했다. 마지막으로 호메로스의 프로그램인데, 이것은 클라우제비츠, 피히테 그리고 니체의 사상 속에서 실현된다. 칸트주의자인 클라우제비츠는 전쟁에 관한 순수 추상적이고 계약법적 이해를 넘어서 전쟁을 정치의 핵심으로 소개한다. 그 다음 피히테는 마키아벨리주의로 이해되는 클라우제비츠의 그러한 정치 콘셉트를 극복하고, 전쟁에 도전적 자유를 위한 투쟁이라는 초월적 의무를 부여한다. 니체에 와서야 비로소 이 의무가 부자유로부터의 구원이 될 수 없으며, 전쟁 그 자체는 개인-도덕적으로뿐만 아니라 사회-윤리적으로도 문화적 실존치료Existenzialtherapie로 간주될 수 있었다. 사업상의 이익만 계산하는 냉정한 합리성이 종말을 고하고, 합리성을 초월하여 자기를 완성하라는 윤리적 의무를 통해 참된 삶을 누리려는 초인이 탄생하게 된다. 니체는 이 초인을 시금석으로 간주함과 동시에 비판적으

로 이해했다.

전쟁이 어떻게 일어났든, 그것은 분명히 언제나 있었다

우리가 서구 사상세계를 통해 전쟁에 대해 변증법적으로 접근할
수 있게 된 것은 두 명의 형이상학적 사상가 덕분이다. 그리스 에페
소스 출신의 헤라클레이토스와 마틴 하이데거는 전쟁의 존재론적
본성에 대해 공통된 통찰을 보여준다. 심한 갈등을 야기하는 폴레
모스 신, 혹은 모든 사건을 야기하는 역동적 근원으로 간주되는
전쟁은 갈등을 통해 생존했던 서구 문화의 사회문화적 존재방식
의 에너지원이었다. 그래서 전쟁에 대해 이야기할 때는 전쟁의 인류
학적 문화성뿐만 아니라 그 존재론적 특성도 거론되어야 한다. 이
런 관점에서 보자면 전쟁은 뿌리칠 수 없는 것인 동시에 용서 받을
수 없는 것이 된다. 전쟁은 정말로 고차원적인 폭력이고 선험적인
것이며 잠재적으로 상존하고 있는 전쟁을 잘 품어 키우는 것은 인
류 문화에서 항상 존재했던 실존적 과제이기 때문이다.
　따라서 인간적-사회적 행위를 본질적으로 각인하는 존재론적
역학의 관점에서 세 가지 요인을 거론할 수 있다. 즉 추상적 도덕
성과 이것이 개별화되어 정립되는 차원, 낯선 법률과 그것의 사회
적 질서차원 그리고 변증법적 도덕성과 그것의 공동체적 생활 차
원이 바로 그것이다. 이 세 가지 요인은 현재 정치적 논쟁에서 언제
나 명확하게 구분되지 않을 뿐만 아니라 동시에—의식하든 의식하

지 않든—언제나 상호 혼합되거나 결합된다. 그래서 자주 법적인 질문들에 대해 도덕을 절대적으로 요구하거나 도덕적 답변을 내놓게 된다. 전쟁이 일어나는 이유를 설명하기 위해서는 이 세 가지 요인을 구분하는 것이 중요하다. 하지만 이것은 이 세 가지 요인들이 서로 무관하다는 것을 의미하지는 않는다. 만약 이 요인들을 밝히고 드러내 보이고자 한다면 항상 (세 요인의) 직접적인 통일성Einheit을 의식하고 있어야 한다. 분석 대상을 놓치거나 부적절하게 서술하지 않으려면, 모든 분석은 반드시 종합(합명제)에 기반 해야 한다는 것을 늘 의식하고 있어야 한다. 그렇지 않다면 아주 다양한 형태로 일어난 '전쟁'이 어떻게 항상 '전쟁'이라는 개념으로 남을 수 있었겠는가?

분명한 것은 이 다양한 요인들의 토대가 되며 공통되는 한 가지 요인이 있는데, 이것이 바로 전쟁의 이념이다. '전쟁'의 다양한 현상 방식들을 이렇게 하나로 묶어주는 요인을 이 책에서 준비하게 될 철학적 성찰의 틀 안에서 보여주는 것이 중요하다. 여기서 주의해야 할 것은, 앞에 언급한 요인들 중 어떤 것도 단독으로 전쟁의 본질을 파악할 수 없다는 사실이다. 그것은 단지 요인일 뿐이지, 여기서 소개할(헤겔이 살아 있는 개념으로 파악한) 이념은 아직 아니다. 그러므로 이 책은 하나의 요인을 총체적인 것으로 설명한다는 (헤겔의) 의미에서 '이데올로기'를 만들지 않을 것이다. 이 요인들 중 각각은 '전쟁'이라는 현상을 밝히기 위해서 중요한 기능을 한다. 이 요인들을 연이어 함께 관찰하면 전쟁의 본질에 대한 우리의 시각도 좀 더 날카로워질 것이다.

초월적 자기이행으로서의 전쟁

전쟁 개념의 본질적 실체에 주목하기 위해서는 집중할 각오가 필요하다. 완전성을 백과사전 식으로 잘못 이해함으로 인해 우리는 고전적인 전쟁 담론의 많은 관점들을 놓치고 있을지 모른다. 그러나 지난 3000년 동안의 유럽 정신사가 전쟁에 관해 생각했던 모든 것들은, 그것이 우리에게 전승되어 왔다는 이유만으로, 생생하게 살아 있는 전쟁 이념의 지위를 차지하기 위한 다년간의 경쟁에서 이정표가 되거나 전쟁 개념을 구현하고 있는 것으로 간주되지 않는다. 서구 사상세계를 통해 접근하자는 여기서 제안된 목표는 전쟁 자체를 관념적으로 이해하자는 것일 따름이다. 개념을 구현하고자 하는 노력은 물질세계를 넘어 늘 형이상학적인 것을, 사실을 넘어 규범을, 가치를 넘어 원칙을 가리킨다. 따라서 존재를 해명하는 방법으로서 초월적이고 통합적인 연역법이 엔텔레키적entelechetisch이고 분석적인 귀납법보다 선호될 수 있다. 전쟁이라는 현상을 플라톤의 관념성idealitas, 즉 존재론적이고 인식론적으로 설명되는 이념성Ideenhaftigkeit의 차원에서 질문하는 우리 시도는 존재이행Seinsvollzug의 체계성을 요구한다. 이것은 플라톤의 후기 저서인 『파르메니데스』와 『소피스트』에서뿐만 아니라 근대의 체계적 플라톤주의자인 스피노자, 피히테 그리고 셸링의 사고 속에 제시되어 있다.

이런 체계적 배경하에서 보면 필자가 앞에서 소개한 사상가들 또는 그들의 사상을 왜 선택했는지 알 수 있다. 방법론적 견지에서 보면, 유럽 전쟁 담론의 순수한 개념사를 포괄적으로 역사-연대기적으로 제시하는 것이 중요하지 않을 수 있다. 마찬가지로 참고문헌에서 알 수 있듯이, 엔텔레키적이고 분석적인 설명을 위해 전쟁에 대한 광범위한 현재 담론들을 계속 늘리는 것도 거의 의미가 없다. 오히려 전쟁의 본질을 초월적이고 연역적으로 조명하려는 새로운 시도가 행해져야 하는데, 그런 조명은 전쟁과 전쟁 담론의 내재적 토대를 확인할 수 있게 도와준다. 즉 폴레모스의 내재적 토대는 전쟁의 이념이 전쟁 자체에서 역사적으로 발전해 나오면서 변증법적으로 구현된다는 사실에 있다는 것을 확인할 수 있게 도와준다.

폴레모스의 전개의 방법에 관하여

이미 서술했듯이 내재적 관점에서 전쟁의 비밀을 비판적으로 드러내려는 우리의 시도는 단순히 전쟁론이 아니고, 오히려 전쟁에 관한 미래의 철학을 앞서 숙고하는 것이어야 한다. 여기서는 단지 첫 번째 스케치들 또는 지침들이 중요하며, 체계적-철학적 관점으로부터 전쟁의 본질을 고찰하려는 노력들이 중요하다. 이런 의미에서 앙드레 글룩스만(1968)과 헤이모 호프마이스터(2001)는 '전쟁' 개념에 대한 철학적 성찰들을 제시했다. 우리 논의는 관념사적-변증법적으로 이루어질 것이며, 다음과 같이 비오스Bios와 로고스Logos 그리고 폴레모스Polemos의 성찰구조를 보여줄 것이다.

　비오스 : 관념사적으로 유럽 문명 발전을 생생하게 그려보면, 유

럽 문화사나 사회사의 전환점에서 어떤 식으로든 늘 전쟁이 일어나 문명을 촉진시켰다는 것을 알 수 있는데, 이 전쟁들은 대부분 오랫동안 지속되었고 한 시대 전체를 각인해주기도 했다. 유럽 문명의 초기인 기원전 약 1000년경에 대략 10년에 걸친 트로이 전쟁이 있었다. 호메로스는 『일리아스』를 통해 이 전쟁에 대해 알리고 있는데, 트로이 전쟁의 역사적 뿌리는 그리스 신화의 기원까지 뻗쳐 있고, 이 전쟁의 경과는 베르길리우스의 『아이네이스』를 통해서 전해진 로마의 전설적인 건국과 연관을 맺고 있다. 이 때문에 '의미심장한' 전쟁들을 절대적으로 기억할 필요가 있는데, 이 전쟁의 그림자가 유럽 정신사의 핵심 사상가 거의 모두에게 영향을 주었기 때문이다. 유럽의 많은 사상가와 그들의 사상이 어떤 전쟁사적인 해석 틀을 제시했는지 고려해보는 것은 환상적이며 그리고 해석학적으로 절대적 중요성을 지닌다.

　로고스 : 그 밖에도 전쟁에 대한 생각은 위대한 사상가들의 철학적 논의들과 분리해서 파악할 수 없기에 이런 관점과도 연관되어야 한다. 이것은 전쟁에 대한 생각을 항상 체계적으로 연관 짓고, 총체적인 사고방식과 세계관으로 간주할 수 있게 해준다. 그렇지 않으면 사유를 통해 전쟁에 관한 성찰에 의미를 부여해야 한다는 연구 프레임이 경시된다. 전쟁에 관한 논의의 의미뿐만 아니라 풍성함은 당연히 개별 철학자의 생각에 의존하고 있지만, 이것은 하나의 체계 혹은 최소한 (심한 변화에도 불구하고 각각의 사상가의 사유세계를 알려주는 확고한 지표를 제시해주는) 그 사상의 성찰적 발전경로를 각각의 사상가에게 종속시키는 것에 찬성하게 만든다.

　폴레모스 : 마지막이긴 하지만 아주 중요한 것으로, 전쟁 그 자체가 우리의 시야에 들어와야 한다. 비오스와 로고스라는 해석학적 프레임과 의미 연관관계를 통해 우리는 전쟁의 개념과 본질에 관한 성찰의 참된 의미와 결과를 해명할 수 있다. 이성적인 것이 항상 현실적인 것과 마찬가지로 현실적인 것 또한 이성적이어야만 한다는 헤겔의 의미에서, 이제 전쟁에 접근하는 데 있어서 비오스의 현실성과 로고스의 이성성이 폴레모스의 진실성에서 하나로 합일될 수 있다. 이로써 변증법적 이중구조가 만들어진다. 전기적 고려가 없다면 많은 사상가의 철학적 성취는 폭넓게 가치평가될 수 없을 것이다. 다른 한편 서구의 위대한 사상가들이 전쟁에 관해 언급한 것들은 그들의 체계적인 기본 이론과 연관 없이는 이해될 수 없다. 그래서 각각의 사상가들의 가르침을 충분히 전달하기 위해서는 비오스와 로고스 그리고 폴레모스의 변증법을 고려하면서 이것들을 개략적으로 기술해야 한다. 사실상 중요한 것은 문제(불가해한 특징을 가지고 있는 전쟁) 자체를 폭넓고 깊이 있게 성찰을 할 때 지침이 되어줄 출발점이다.

전쟁의 프로필

—

제1장

프롤로그: 생성으로서 전쟁 – 헤라클레이토스

전쟁은 항상 간주관적 행위이행 현상이기도 하지만 결코 간주관적 자기이행 현상이기만 한 적은 없었다. 전쟁에 적절하게 접근하기 위해서, 전쟁의 형이상학적 차원을 들여다보는 것이 요구된다. 이에 관해 확실한 '지적 성찰'을 통해 전쟁의 내재적 본질을, 즉 존재의 원칙을 통찰할 수 있었다는 점에서, 헤라클레이토스가 전쟁 이해의 선구자로 간주될 수 있다는 것은 의심의 여지가 없다. 모든 것을 포괄하는 로고스의 작용에 대한 혁명적인 이해와 함께 그의 모호한 사유를 통해 소피스트들의 전쟁 찬양은 그 베일을 벗게 된다.

전쟁의 형이상적 근원들, 형이상학적 본질을 분석하고 싶다면, 누구에게 질문해야 할까? 유럽 사상의 출발지인 형이상학의 시초로, 에페소스의 '모호한' 철학자인 헤라클레이토스(기원전 535~475)의 사상으로 되돌아갈 것을 권하고 싶다. 그 당시 헤라클레이토스는 이오니아의 소아시아 지역에서 활동했던 최초의 사상가들 중 한 명으로 현상 이면에서 무엇이 작용하고 있는가, 다시 말해 감각의 직접적인 지각 속에 숨어 있는 것들에 대해 철학적인 근본 질문을 던졌다. 헤라클레이토스의 삶은 고대 페르시아의 아케메네스 왕조의 매우 빠른 성장에 의해 특징지어졌는데, 그 왕조는 기원전 550~525년에 공격적인 확장 정책을 통해서 오리엔트 전 지역을 지배했다. 다시 말해서 아케메네스 왕조는 메디아, 메소포타미아, 소아시아의 리디아 그리고 마지막으로 이집트를 지배했다. 헤라클레이토스 후반기는 페르시아 전쟁들(기원전 490~450)에 의해 특징지어졌다. 이러한 페르시아 전쟁들은 '이오니아의 반란'(기원전 494)에서 시작이 되었고, 그가 살아 있는 동안에 끝나지 않았다. 기원전 449년의 칼리아스 화약Peace of Kallias은 팽팽한 대치를 만들어냈지만, 곧이어 발발한 펠로폰네소스 전쟁(기원전 431~404년)을 통해 페르시아 왕조는 그리스에서 패권을 잡기 위한 투쟁에서 스파르타의 동맹자가 되었다. 40년간 진행된 페르시아 전쟁은, 본질적으로 아직 다신교적이자 그리스적인 올림피아 제우스의 서구와 일신교적이고 페르시아적인 차라투스트라 교리를 가진 동양의 실존적 대결이자, 세계 문명 전체를 통틀어 예외적인 상태이다. 그래서 페르시아 전쟁들은 많은 전쟁들 중 하나로 간주될 것이 아니라, 실존적 체제 갈등으로 간주되어야 한다.

정신사적으로 헤라클레이토스는 그리스 문화의 초기 사상가들인 호메로스, 헤시오도스와 연결되어 있다. 기원전 800년에 호메로스가 『일리아스』와 『오디세이』에서 그리스 정신과 이와 더불어 유럽 정신의 토대를 놓았다면, 기원전 700년 헤시오도스는 『신통기』에서 한 걸음 더 나가 세계 창조의 신화와 신들의 이야기인 신화를 썼는데, 이 신화는 특히 에리스Eris를―밤의 딸이자 전략적 전쟁의 여신인 아테네와 반대로 잔악한 파괴 전쟁의 신인 아레스Ares의 여동

생인 싸움의 여신—중요하게 끌어들이고 있다. 탈레스처럼 동시대의 이오니아 자연철학자들이 세계를 (대략 물과 같은) 근원물질로 설명하는 데 머물렀던 반면, 헤라클레이토스는 신화를 지적으로 설명했다. 그래서 호메로스 이후 200년과 헤시오도스 이후 100년 만에 처음으로 헤라클레이토스는—영원의 철학Philosophiaperennis의 전통에 있는 모든 기초철학자처럼—비판적인 성찰을 통해 로고스를 자유롭게 했으며, 이 때문에 변증법적 의미에서 신화를 '지양한' 진정한 철학자라 말할 수 있다. 소피스트들의 잘못된 평가에 얽매여 이러한 변증법적 지양을 단순히 일차원적인 극복으로 오해해서는 안 된다!

전쟁의 로고스로서의 변증법

헤라클레이토스 사상은 아포리즘으로만 단편적으로 전해지고 있다. 그렇기에 그의 사고를 완결된 체계로 설명하기 어렵다. 하지만 그의 철학을 대략적으로나마 이해할 수 있게 해주는 몇몇 핵심적 요소들은 찾아낼 수 있다. 남부 이탈리아 출신으로 그와 동시대인이면서 정적인 존재가 모든 사물의 형이상학적 본질이라고 말한 엘레아의 파르메니데스(기원전 535~475)와는 달리, 헤라클레이토스는 사물의 형이상학적 본질은 생성 속에, 움직임 속에, 변화 속에, 역동성 속에 존재한다는 견해를 가지고 있었다. 이러한 견해는 엘레아학파의 견해를—운동에 대한 이들의 아포리아를 통해—반박

하는 것이었다. 그래서 구조적으로 파르메니데스와 헤라클레이토스에서 형이상학의 두 가지 기본 원칙이 발견된다고 말할 수 있다. 그것은 존재와 생성이고, 정역학과 동역학이다. 그럼에도 헤라클레이토스가 우선시되는 이유는, 그가 존재자Seiende의 시간을 초월한 운동 속에 사물의 고유한 존재가 있다고 언급했고, 존재는 계속 생성 변화하고 있다는 것을 인식함으로써 변증법적 종합의 의미에서 '존재'와 '생성'을 통합하고 화해시켰기 때문이다. 따라서 그의 유명한 강에 대한 은유에 중요한 의미가 부여된다. 다시 말해서 우리들은 두 번 다시 동일한 강을 거슬러 올라갈 수 없다. 강이라는 '존재'는 영원한 흐름 속에, 생성 속에 놓여 있다. 강은 '존재'하기는 하지만, 이와 동시에 실제로는 흐르는 것으로서 흐르면서 움직이는 것이기도 하다.

헤라클레이토스 전쟁관의 핵심 진술은 『에리스-단편 80』에 나오는 유명한 아포리즘 35번에서 찾을 수 있다. 그런데 이 아포리즘은 무엇보다 아주 명료한 개념 규정과 입장 규정을 가능하게 한다. "전쟁[폴레모스]은 모든 사건의 아버지이며, 모든 사건의 왕이다. 폴레모스는 한쪽이 신임을 보여주고, 다른 쪽은 인간임을 보여준다. 폴레모스는 한쪽을 노예로 만들고, 다른 쪽은 자유인으로 만든다." 이 문구에서는 두 가지 관점에 특히 주목해야 한다. 첫째, '폴레모스'라는 개념을 전쟁으로 번역하는 문제이다. 여기서는 이보다 더 일반적인 의미인 '갈등Konflikt'이나 '투쟁Kampf'으로 번역해보는 것을 고려하는 것이 더 적합할지도 모른다. 이렇게 해야 이 문장의 변증법적 의미가 더 잘 해명되고,—다시 말해 '체계적인 해석'에서 보면—헤라클레이토스의 논리에 더 잘 어울리기 때문이다. 팽팽한 긴장이 흐르는 폴레모스를 로고스의 활동을 표현하는 것으로 보는 것은, 이 경구를 완전히 다른 시각으로 볼 수 있게 만들며 이 경구의 형이상학적 의미를 파악할 수 있게 한다. 다른 한편으로, 폴레모스가 한쪽을 신으로 다른 쪽을 인간으로 보이게 만들고, 한쪽을 노예로 다른 편을 자유인으로 만든다는 것에 주목할 필요가 있다. 이렇게 하면 폴레모스는 신적 전능함 혹은 인간들이 사용할 수 있는 능력이라는 의미를 지닌다. 이로써 폴레모스가 탁월한 힘을 가지고 있으며, 모든 것에 토대가 된다는 의미가 드러난다.

그래서 헤라클레이토스에게 '전쟁'은 사회현상으로 정치적 범주를 의미하기보다는 존재나 현존재의 존재론적이고 인류학적인 원칙을 의미한다. 이것은 동역학dynamis이나 항상 생성하는 것 그리고 로고스, 즉 전쟁을 통일체나 조화로 연결시켜주는 세계 이성을 통해 수행되는 변천으로 이해된다.(조화란 화음이지, 일치는 아니다.) 이런 로고스는 한편으로는 창조적이면서도 다른 한편으로는 파괴적인 불을 통해서 상징화된다. 불을 창조하기 위해서는 파괴해야 한다.

이런 인식은 존재론에 적용될 뿐만 아니라 정치사에도 적용된다. 이런 인식은—무엇보다 그리스적 통찰에서—개별 정치 집단들 사이의 끊임없는 마찰과 변천에서 각인되고 있는 구조적 갈등 가능성이다. 이것은 몇 천 년 후에 칼 슈미트(1932)로 하여금 정치의 본질은 동지와 적의 충돌 가능성에서 찾아볼 수 있다는 결론을 내리게 만든다. 그러나 이미 칸트에게 있어서 정치적인 집단들의 상시적 충돌은 한눈으로 볼 수 없을 정도로 많은 작은 국가들로 이루어진 그리스에서뿐만 아니라 이와 비슷하게 총체적 전망이 어려운 유럽에서도 문명-문화 발전과 창조적 다양성을 강화시켜주는 중요한 양상이었다. 동시에 헤라클레이토스는 이처럼 충돌이 지속될 가능성에서 빠져나올 수 있는 이성의 길을 제시하고 있는데, 그것은 바로 법이다. 칼 슈미트(1938)가 몇 천 년 후에 거의 문자 그대로—그러나 적어도 헤라클레이토스의 정신 속에서—표현했듯이, 법은 다툼에서 탄생하고 이 분쟁을 길들이는 것을 본질로 한다. 그래서 이미 헤라클레이토스는 문화를 가능하게 하는 전쟁을 문화적으로 길들이겠다는 이야기를 하고 있다. 그러므로 그에 의해 이미 자연법 이론의 초석이 놓였다고 할 수 있다.

우리가 전쟁의 개념과 본질에 대해 숙고할 때, 헤라클레이토스는 어떤 경우든 중요한 논증적인 출발점이 된다. 인간의 존재는 물론이고 현존재에서 폴레모스가 가지고 있는 중요한 의미에 대한 그의 통찰은 전쟁과 전쟁의 정신사적 전개과정에 대한 우리의 숙고에 중요한 해석적 배경이 된다.

제2장

제한된 전쟁과 정치 도덕성 – 플라톤, 키케로, 아우구스티누스

전쟁이라는 현상의 첫 번째 요인은 바로 도덕성. 즉 헌법이나 폴리스(플라톤)와 공화국(키케로) 그리고 교회(아우구스티누스)에 대한 정의 Definition나 규정에서 말하는 의문의 여지가 없는 정의 Gerechtigkeit이다. 공동체의 전쟁 수행 능력을 폴리스의 핵심으로 보는 것은, 플라톤에게는 "이성적"이라는 의미에서 "정당하다." 우리는 전쟁을 그리스의 정치 문화의 토대가 되는 문화기술로 간주할 수 있다. 키케로에게 전쟁을 수행한다는 것은 스토아학파의 윤리와 완전히 일치한다. 스토아 철학의 전쟁 개념은 로마 공화국의 법문화적 환경에서 발전된 법률적 구속력을 갖게 된다. 이로써 키케로에게는 애정을 가지고 보호하는(상대를 존중하는) 전쟁에서 전쟁을 법적으로 이해(두 번째 요인)하는 방향으로 이행이 예고된다. 마지막으로 아우구스티누스는 신의 정의를 지상에 옮겨놓는 관점에서 전쟁을 바라보고 있다. 전쟁이 영원한 영혼의 구원을 위해서(그것 외에는 어떤 이유도 없기에) 수행될 수 있고, 수행되어야 할 세속적 삶의 현상이기 때문에, 이제 이러한 전쟁관에는 도덕화의 차원이 부여된다. 그런데 이러한 차원은 전쟁의 세 번째 요인을 암시하고 있고 전쟁의 정당화를 위해 도덕성을 요구함으로써 전쟁의 지침과 목표로서 도덕적인 것과의 무조건적 관계도 담고 있다.

고대 사상에서 전쟁을 고민했던 지적 출발점을 보게 되면, 투키디데스의 기념비적 역사철학서인 『펠로폰네소스 전쟁사』가 첫눈에 들어온다. 이 정치적 저작에서 투키디데스는 고대 그리스라는 위대한

'조국의' 전쟁의 역사를 아주 상세하게 서술했다. 이 전쟁은 아테네와 스파르타, 자유주의와 권위주의, 진보와 반동, '해상무역'과 '농업' 사이의 거대한 정치적 체제 전쟁이다. 정치적 성격이 짙은 이 최초의 전쟁에서 중요한 규범적 문제는 전쟁의 제한에 관한 질문이다. 즉 논증을 통해 전쟁을 제한할 수 없다면, 전쟁은 물질적으로뿐만 아니라 비물질적으로 그리스 문화를 파괴하고, 문명을 촉진하는 경쟁에서 그리스 문화를 마비시킬 것이다.

여기서 연구 대상은 전쟁에 대한 이런 탁월하고 위대한 이론적 저작을 설명하고 비판하는 것이 아니라, 플라톤과 키케로 그리고 아우구스티누스 같은 고대 문명의 위대한 도덕사상가들이 전쟁을 어떻게 가공하고 있는가 하는 것이다. 이 사상가들을 선택한 것에 대해 처음에는 의아하게 보일지 모르지만, 이 세 명의 사상가는 전쟁의 도덕성이라는 주제를 다루었을 뿐만 아니라, 시간을 초월하여 상호 대화하면서 근대 전쟁관에 멀리서 큰 영향을 미치기도 했다. 예를 들어 플라톤은 고대 아테네의 몰락의 관점에서, 키케로는 고대 공화국인 로마 몰락의 관점에서, 아우구스티누스는 기독교 로마 또는 고대 유럽 전체의 몰락의 관점에서 영향을 미친다.

플라톤 – 전쟁과 폴리스

이로써 내게 그는 대다수 인간들에게 저주 판결을 내린 것처럼 보인다. 왜냐하면 그들은 바보처럼 이 세계에서는 모든 국가에 대항한 모든 국가의 전쟁이 끊임없이 일어나고 있다는 사실을 알지 못하기 때문이다. […] 대부분의 인간들이 평화라고 부르는 것은 단지 공허한 이름일 뿐이며, 사실 모든 국가는 선전포고만 없지 본성적으로 모든 국가와 항상 반목하며 살고 있다.

『법률』 l, 2, 625d 이하

그러나 최선은 전쟁도 반란도 아니라—우리는 이것들에 대한 요구를 막아가며 살 수 있도록 기원해야 한다—상호 만족과 동시에 친분이 있는 마음이다.

『법률』 l, 3, 628c 이하

비오스: 해상 민주주의와 육상 전제정치 사이에서

플라톤이 서구의 핵심 사상가라는 사실은 의심할 여지가 없다. 고전적인 의미에서 "진리에 대한 체계적-성찰적인 탐색"으로 이해되는 '철학'이 그에게서 출발한다. 플라톤의 정신사적인 의미, 플라톤 (기원전 427~347)의 삶에 관한 전기적인 기초자료들, 플라톤의 귀족적 출신 성분, 플라톤과 소크라테스의 인상적인 친분관계, (고대적 의미에서) '민주주의'에 관한 플라톤의 뿌리 깊은 회의, 이런 모든 것은 너무나 잘 알려져 있다. 하지만 그가 살았던 시대의 '전쟁의 성격'은 이보다 훨씬 덜 알려져 있다. 이미 그의 유년기와 청소년기, 그리고 거의 전체 저술 시기가 전쟁에 의해서 각인되었다. 배경은 해상을 지배했던 아테네에 대항하는 육지의 지배자 스파르타를 중심으로 형성된 대결 구도였다. 이러한 긴장은 서양의 첫 번째 30년 전쟁인 펠로폰네소스 전쟁(기원전 431~404)에서 폭발하며 아테네가 지고 스파르타가 이기는 문명권 전체의 대립으로 발전했다. 오랫동안 계속된 이러한 갈등은 플라톤의 생애 전반부를 각인했다.

이어진 50년 동안 거의 멈추지 않고 후속 전쟁들이 짧게 발발했는데, 그 전쟁들은 모두 문명 시대에 벌어진 이 큰 전쟁의 결과를 (점진적으로) 다소간 교정했다. 소아시아에서 스파르타인들은 (이미 쇠약해 있는) 페르시아 왕조에 대항해 전쟁을 치렀고, 동시에 아테네는 스파르타에 복수하려고 스파르타에 대항해 연합체계를 구축하려고 시도했다. 그러나 결국에 아테네는 스스로 자신의 아티카 권력체계 내에서 어려움을 겪게 되었다. 스파르타도 과도하게 확장했다. 그래서 동쪽(페르시아)으로부터 오는 위험을 그때까지 통제할 수 있었을지는 모르지만, 새롭게 성장하는 북방 세력인 마케도니아가 그리스의 핵심 지역으로 쳐들어오는 것을 막을 수 없었다.

로고스: 이상국가(이론)과 법률(실천) 사이에서

플라톤의 철학 사상은 파르메니데스의 순수 합리주의와 탈레스의 순수 경험주의를 결합한 통합 사상이라고 할 수 있다. 플라톤은, 이미 이와 비슷한 프로그램을 구상하고 있었지만 이를 적절하게 실현할 방법적 도구를 소유하지 못했던 헤라클레이토스를 계승하고 있다. 둘의 관계는 근대철학에서 스피노자와 피히테의 관계와 비슷하다고 볼 수 있다. 헤라클레이토스는 물론이고 스피노자도 로고스를 통일체Einheit로 파악했지만, 이 로고스를 적절하게 발전시킬 수 없었다. 헤라클레이토스는 운동이라는 요인을 강조했지만 이 통일체를 알맞게 파악하지 못했다. 마찬가지로 스피노자는 통일체를 중심에 두기는 했지만, 그 대신 운동을 파악하지 못했다. 플라톤 사상에서 중요한 것은 (근대에 있어서 피히테처럼) 그가 자신의 이데아론을 매개로 하여 이 통일체에 대해 사고하는 데 성공했다는 것이다. 플라톤뿐만 아니라 피히테도 관념론적 실재론 또는 실재론적 관념론을 지지하고 있다. 플라톤은 초기 저작들에서(정치철학의 영역에서는 『고르기아스』) 소크라테스적인 방식으로 윤리의 근본 문제들을 제기했다. 이 핵심 대화편에서는 정치에서 수사학의 역할, 강자의 법[권리] 그리고 자연Physis과 법Nomos의 관계가 다루어지고 있으며, 마지막에는 불의를 행하거나 불의를 당하는 것이 좋은지 나쁜지에 관해서도 다루어지고 있다.

중기의 플라톤은 정치적 주요 대화편에서 정의의 문제를 궁극적으로 다룰 수 있기 위해서, 큰 대상을 정확히 통찰할 필요성을 논하였다. 이에 대한 출발점은 트라시마코스이다. 트라시마코스는 불의한 자들이 항상 성공하고 정의로운 사람들은 늘 불이익을 당하고 있는 것 같다는 생각을 가지고 있었다. 이를 계기로 플라톤은 자신의 『국가』에서 정의에 관한 기념비적인 담론을 시작한다. 여기서의 정의는 개인적이고 국가적인 정의 문제만이 아니라 이론적이고 무엇보다 실천철학의 모든 문제와 관련이 있다. 이 책의 성격은 당연히 '유토피아'적이다. 다시 말해 이 책에서 플라톤은 최적의 폴리스가 실제로 어떤 것인지를 보여주는 게 아니라 변증법적 이성성Vernünftigkeit을 통해 폴리스가 어떤 모습이어야 하는지를 연역하고 있다. 여기서 무엇보다 인간의 세 층의 영혼구조에 관한 그의 유추는 유명하다(순수한 이성*logistikon*, 용기*thymoeides*, 정욕*epitymetikon*). 이러한 영혼구조는 조직적으로 이해된 국가에서 통치자, 군인/관리, 생산자 속에 반영된다. 여기서 인간에게뿐만 아니라 국가에 있어서 중요한 것은, 이 세 요소가 로고스, 즉 이성의 인도 하에 균형, 즉 조화롭게 유지되고 있다는 사실이다. 문화의 고유한 임무는 바로 여기에 있으며, 문명의 본질도 여기에 있다. 객관적인 세분화라는 이런 배경하에서 플라톤은, 후에 역사에서 엄청나게 악용된 말인 "각자에게는 존재하는 이유가 있다"를 사회 정의의 근본 원칙이라고 말했다. 중요한 것은, 플라톤의 이러한 '신분제적' 질서가 (고대 인도나 이집트의 유사한 사회구조들과는 좀 다르게) 동적이고 유동적이라는 사실 그리고 그러한 융통성(변화가능성)은 단지 교육과 능력에만, 다시 말해 경합, 즉 경쟁과 선택에 기반을 두고 있다는 것이다. 이것은 근대 연역적 접근법 이상의 것으로 귀납적 경험주의 없이 최고의 근대 이성 원칙들에 도달한 접근법이다.

플라톤의 중기가 전통적으로 이원론적 세계관에 동기를 제공했던 정적인 이데아론에 의해서 각인되었다면 후기 플라톤은 한편으로 이론적으로 이데아의 역동화*Dynamisierung*로까지(가령 『파르메니데스』 또는 『소피스트』에서) 발전했고, 다른 한편으로 그의 정치철학은—가령 『법률』에서 그리고 『정치가』에서—실용주의의 강화로 특징지워지게 된다. 이제 더 이상 이상적 헌법이 중요한 게 아니라, 완전히 실용적으로 현재 폴리스에 적용할 이성에 기초한 원칙들이 중요해진다. 그래서 (타협으로서) 이성적 법들이 지배하는 것이지 더 이상 철인왕이 지배하지 않는다. 여기서 그의 『정치가』는 『국가』에서 『법률』

로 넘어가는 중간단계가 된다. 『정치가』에는 플라톤의 헌법 유형론도 들어 있는데, 이것은 법의 지배에 기반한 모든 헌법 형태는 법의 지배가 없는 헌법 형태보다 훨씬 낫다는 것을 강조한다. 이런 토대 위에서 플라톤은 자신의 위대한 국가론인 『법률』을 전개하게 되는데, 이 저서는 이런 법치국가를 매우 상세하게 설명하고 있다. 여기서 그의 견해 하나가 특별히 중요해 보이는데, 그것은 이해될 수 있는 이성적 법률은 잘 지켜질 것이라는 기대이다. 이런 목적을 위해 (이 책에서) 플라톤은 각각의 법률의 의미와 목적을 상세히 기술할 서론을 쓸 작정을 한다. 이 글에서는 『법률』의 무한하고도 다양한 테마를 다룰 수 없으며, 대부분의 근대 국가론이 『법률』에서 거론한 요소들을 취하고 있다는 걸 언급하는 것에 만족할 것이다.(이 장의 시작 부분에서 제시한 인용문이 조그마한 예로 들 수 있다.)

폴레모스: 엘리트 수호자와 시민군 사이에서

전쟁에 대한 플라톤의 성찰은 그의 주요 저작 중 『국가』와 『법률』에서 주로 나타나고 있다. 이미 언급했듯이 이 두 권의 저작은 체계상 플라톤의 작업에서 완전히 다른 의미를 지닌다. 즉 『국가』가 폴리스를 위한 이상적인 헌법을 (합법적) 이성적으로 설계한 것이라면, 『법률』은 주로 실용적인 저작으로 간주된다. 다시 말해 『법률』은 '실제 조건'에서 도달할 수 있는 공동체를 구체적으로 만들기 위한 강령적이고 실용적인 고민을 담고 있는 책이다. 플라톤이 이러한 후기 저작을 통해 제자 아리스토텔레스의 비판에 답을 주려고 했다는 가정에는 근거가 있다. 즉 이 책은 『국가』에서 보여준 그의 연역적 이성 설계는 너무 추상적이라는 비판에 대한 귀납적 답변이다. 이 두 저작에서 중요한 것은 국가, 즉 정치 공동체가 행복하고 성공할 수 있기 위해서 어떻게 구성되어야 하는지에 대한 질문이다. 그러나 『국가』에서 플라톤이 이성의 요구를 중심에 세웠던 반면, 『법률』에서는 인류학적, 지역적 그리고 사회경제적으로 주어진 환경에서 최상의 해답을 찾아야 한다는 것이 핵심이다.

제일 먼저 언급할 만한 것은 플라톤이 『국가』 제2권에서(373 이하) 공동체들 간 전쟁의 구조적 원인들이 어디에 있는지에 관해 설명했다는 것이다. 그는 전쟁의 원인을 (단지) "건강한" 도시에서 이제 "(과도하게) 넘쳐나는" 도시로 넘어가는 공동체, 다시 말해 최소한의 생존욕구를 충족하는 것에 머무르지 않고 문명적이고 문화적인 성장욕구를 충족하고자 한 공동체에서 찾았다. 이로써 플라톤은 이미 자신의 관념적인 국가철학에서 전쟁의 내재적이고 이성적이며, 이 때문에 필연적이고 피할 수 없는 이유를 들고 있는데, 그것은 바로 삶의 공간의 부족이다. 이로 인해 개인이나 집단이 비이성적이고 부도덕한가 하는 것과는 상관없이 또 정치 지도자나 국민이 전쟁을 추구하고 계획했든 아니든 상관없이 전쟁은 일어날 수밖에 없다는 것이다. 여기서 플라톤적 의미의 "삶의 공간들"은 한 공동체가 문명을 발전시킬 기회들을 살릴 수 있게 하기에 충분한 공간으로 이해해야 한다. 어떤 경우든 우리는 자신이 살기 위해 그와 같은 전쟁을 수행했다는 이유로 각각의 공동체를 비난할 수 없다.

더 나아가서 플라톤은 생존하고 발전하고 싶은 공동체에 대한 이런 내재적 위협에서 수호자계급이 폴리스의 내적 발전뿐만 아니라 무엇보다도 전체 공동체의 방어 또는 보호에도 기여한다고 말한다. 공동체가 지속 가능하게 문명을 발전시키는 데 기초가 되는 원초적 노동분업에 관한 그의 이론의 의미에서 본다면, 플라톤이 공동체의 방어와 보호라는 생존유지 기능을 위해서 일상적인 생업노동의 부담 없이 공동체를 지키는 특수 신분을 준비해 두었다는 것은 놀랍지 않다. 아주 엄격한 선발과정을 통해 선택된 엘리트 신분은 경제적 생계유지라는 '시민계급'의 전형적 걱정을 하지 않아도 된다. 그들의 생계는 생업을 위해 경제적 생산활동을 하는 공동체에 의해서 '함께 유지된다'. 그래서 그들은 오로지 공동체의 수호에만 전념할 수 있고, 지속적으로 재교육 받으며 발전할 수 있었다. 마지막으로 플라톤은 이 군인 수호자계급에서 정치적 엘리트가 충원되어야 한다고 분명히 규정하고 있다. 여기서 엘리트는 수십 년에 걸쳐서 지적-이론적으로("진리"), 도덕적-실천적으로("선") 그리고 미적-예술적으로("미") 자기 능력을 입증하고, 동시에 "철인왕"으로서 공동체를 이성적으로 이끌 능력을 갖추고 있어야 한다.

『국가』의 제5권에서(470 이하) 플라톤은 한 발짝 더 나가서 "전쟁 *polemos*"과 "쟁점*stasis*(처지, 불화)"을 구분하는데, 같은 나라 사람에 대한 적개심을 쟁점이라 하고, 외국인과 이방인에 대한 적개심은 전쟁이라 부른다. 그리고 난 다음 플라톤은 현실정치에 대한 중요한 비판으로 논의를 시작한다. 플라톤은 『국가』 제5권에서 그리스 사람들은 친척이며 그래서 "동족"이라고 말한다. 이것은 다음과 같은 사실을 의미한다. (근본적으로 친구들이어야 하는) 그리스인들 사이의 분쟁은 본성에 어긋나는 것이기에 "병적이다". 이와 반대로 그리스인들과 타민족, 즉 그리스인들의 타고난 적들과의 분쟁은 자연적으로 주어진 것이기에 "건강한 것"이다. 이런 식으로 플라톤은—현대적 표현 방식으로는—(펠로폰네소스 전쟁이 하나의 내전이었던 것처럼) 내전을 원칙적으로 반대하지만, 외국 세력들(대략 페르시아 왕국)과의 전쟁에는 반대하지 않는다.

흥미로운 것은 플라톤이 여기서 고대 국가 사상의 고전적인 지평인 폴리스를 넘어서 일종의 가족-문화적인 범그리스주의를 지지하고 있다는 사실이다. 여기서 범그리스주의는 적어도 다음과 같은 정치적인 결론을 내리는데, 죄를 짓거나 병적이지 않고는 종족끼리 전쟁을 수행할 수는 없다. 따라서 이것은 더 이상 전쟁이라 부를 게 아니라 단순한 쟁점이라고 불러야 한다. 플라톤은 계속해서, 그런 쟁점은 적을 섬멸하겠다는 의도가 아니라 금방 다시 화해하겠다는 정신으로 행해져야 한다고 말한다. 그래서 싸움을 할 때 그리스 혈통을 가진 상대자의 인격, 가족 그리고 재산에 대해 매우 세심한 주의가 요구된다. 근대에 오면 칼 슈미트(1938)가 이것을 "애정을 가지고 돌봐주어야 하는(상대를 존중하는) 전쟁"이라고 명명하게 된다. 이렇게 하여 수호자들은 그리스 혈통인 상대의 생명과 가족 그리고 재산을 가능한 한 존중하고 조심스레 다루어야 한다고 교육을 받게 된다. 그와 반대로 플라톤은 살인과 방화 그리고 노예화는 무조건 외국인들과의 전쟁 시에 사용되는 방법이며 외국인, 즉 "야만인"에 대항해서 무자비한 전쟁을 수행할 수 있다는 점을 명시적으로 강조한다.

플라톤은 『법률』 제1장에서(625 이하)—실용적 관점에서—"국제관계"에서 언제나 그리고 어디서나 위협적인 전쟁의 문제에 대해 언급하고 있다. 그러나 이미 어느 정도 홉스의 주제들을 선취하는 하나의 시나리오에 근거해서, 『법률』에서의 대화의 진행이―이와 함께 사고의 진행이―아주 놀라운 방식으로 전개된다. 여기서 플라톤은 우선 전쟁에서 승리자가 된 나라가 성공하는 국가라고 말한다. 그러나 그는 공동체의 상시적인 전쟁 준비와 승전 준비를 위해 필요한 조치들이 어떤 것인지 더 이상 파고들지 않고 여기서는 그리스인들끼리의 쟁점과 그리스 외부와의 전쟁을 구분하지 않는다. 대신 그는 전쟁이, 한 국가 내에서 발생할 가능성이 없는지, 다시 말해 한 국가 내의 도시와 시골 사이에서 발생할 수 없는지를 묻는다. 그는 여기서 한 발 더 나아가 하나의 시골 내에서, 어떤 경우든 하나의 가정 내에서 전쟁이 발생할 수 없었을까 하는 문제를 논하기도 한다.

마지막으로 플라톤은 다음과 같은 급진적인 문제 제기를 하게 된다. 한 사람이 가장 사악한 적에 스스로 직접 대항하여 자신을 파멸의 위협에 빠뜨릴 수 있지 않을까? 이 "위협 상태"에 따라 가장 이상적인 경우이지만, 선한 인간이나 가정, 마을이나 도시 그리고 국가가 이기면, 플라톤은 이것을 "승리"라고 불렀다. 하지만 나쁜 인간이나 가정, 마을이나 도시 그리고 국가가 이기면 개탄했고 플라톤의 의미에서 "패배"로 받아들여졌다. 만약 선한 것이 승리하면, 인간이나 가정, 마을이나 도시 그리고 국가는 스스로 영광스러운 승리를 거두게 되고, 반대의 경우에는 패배를 맛보게 된다. 예를 들어 국가에서 선거권과 피선거권이 있는 지배계층이 이기면 승리로 간주될 것이고, 반대로 천민이 이기면 그것은 국가의 패배가 될 것이다.

그러나 그런 내적 전쟁의 경우조차—플라톤은 이런 전쟁을 "반란"이라고 명명한다—해결책은 선한 사람이 나쁜 사람들을 절멸시킴으로써 얻어지는 완전한 승리라는 의미는 아니다. 오히려 좋은 사람들이 나쁜 사람들에 대한 지배권을 얻고, 이것을 법률의 강제력을 통해 수행해 나가도록 시도해야 한다. 왜냐하면 플라톤에게는 외적 전쟁도 그리고 내적 반란도 추구할 가치가 없고, 대신 전쟁에 대비해 무장을 함으로써 평화를 준비하는 것만이 유일하게 추구할 가치가 있기 때문이다. 플라톤은 이렇게 평화를 준비하는 것이 전쟁을 "가능하게 만드는 것"보다는 더 합리적이라고 계속 말한다.

이런 의미에서 플라톤은 『법률』의 제8권(829 이하)에서 행복의 본질은 부당한 짓을 하지도 않고 부당한 일을 당하지도 않는 것에 있다는 원칙의 문제를 논한다. 첫 번째 요소에 대해서는 인간이 직접 통제한다. 즉 부당한 짓을 직접 행하는 것을 중단하면 간단하다. 그러나 두 번째 요소는 어떻게 보장할 수 있을까? 어떻게 부당한 짓을 당해야만 하는 것을, 그래서 자신의 행복이 실존적으로 침해당하는 것을 막을 수 있는가? 군사상의 위급한 경우를 대비해 평화의 시기에 진지하고 지속적으로 훈련을 함으로써만 가능하다. 이에 관해 플라톤은 이성적인 시민들이 외국에게 부당한 일을 당하지 않도록 언제나 준비하고 무장할 수 있도록 하는 매우 상세한 대비책을 제시한다. 플라톤은—『국가』와는 또 다르게—『법률』에서 이제 이상적인 엘리트 수호자계급에 관해 더 이상 언급하지 않고, 그 대신 제자 아리스토텔레스와 비슷하게, 매우 실용적으로 전투력 있는 시민계급을 출발점으로 삼는다. 여기서 그는 시민계급이 누리는 정치권력과 그들의 전투능력의 상관관계가 매우 커지고 있다는 것을 포착했다. 공동체의 방어에 참여할 수 없는 사람은 정치적인 삶에도 능동적으로 참여할 수 없다. 왜냐하면 그렇지 않다면 권력과 책임이 일치되지 않기 때문이다.

어떤 경우에도 플라톤에게 전쟁은 중요한 사회 현상이었으며, 이에 따라 그의 사유에 걸맞는 위치를 차지했다고 말할 수 있다. 전쟁에 대한 고전적 진술들이 로마시대나 근대에 만들어졌을 거라고 추측한다면 오산이다.

키케로 - 전쟁과 공화국

(근거 없이 행해졌던) 그런 전쟁들은 부당하다. 왜냐하면 어떤 전쟁도 보복 또는 적의 축출이라는 근거가 없다면 정의롭게 수행될 수 없기 때문이다.

『국가론』 3. 3. 35

당한 손해에 대한 보상요구가 있었던 이후나 그전에 전쟁의 위협이나 선전포고가 있은 후에 전쟁이 수행되는 것이 아니라면, 어떤 전쟁도 정의롭지 않다는 것을 그것으로부터 알 수 있다.

『의무론』 1. 11. 36

비오스: 공화국과 전제정치

키케로(기원전 106~43)는 의심할 여지 없이 고대 로마의 가장 중요한 정치사상가이자 작가이다. 카이사르와 동시대에 살았던 확고한 공화주의자 키케로는 법률가이며 철학자로 로마 역사의 전환점에 살았고, 고전 시대가 그가 살고 있는 동안 그리고 그 이후 몇 세기 동안 거두었던 중요한 윤리적 업적들을 기록했다. 키케로에게 이 업적들은 스토아학파와 로마의 공화주의적 에토스에서 분명하게 표명되어 있었다. 이미 청년 시절 키케로는 폼페이우스의 휘하에서 동맹 전쟁(기원전 91~88)에 참전했고 이렇게 하여 개인적으로 공화국의 생존전투의 마지막 몇 년에도 연루되었다. 키케로의 생애는 공화국과 함께하거나 공화국에 대항했던 폼페이우스, 크라수스, 카이사르 같은 무적의 사령관들이 벌이는 권력투쟁에 의해 특징지어졌다고 보아야 할 것이다. 이런 연관관계에서 나온 그의 주요 정치철학적 저작들은 『국가론De Re Publica』(기원전 54), 『법률론De Legibus』(기원전 52) 그리고 『의무론De Officiis』(기원전 44)인데, 이 저작들은 고대와 중세의 정치-윤리적 기준이 되었으며 18세기 프로이센까지 영향을 미쳤다. 스토아학파의 창설자인 제논에 의한 초기 스토아학파의 발전은(약 기원전 300) 문화의 몰락과 이에 상응하여 '탈도덕화하는' 전쟁들(무엇보다 40년에 걸친 디아도코이 전쟁(기원전 322~282))의 징후에서 이루어졌다.

키케로의 『의무론』은, 우리에게 직접적으로 전해지지 않은 '중기 스토아'의 창설자 파나이티오스(기원전 180~110)의 사상에 기초하고 있는데, 파나이티오스는 로마에서 대단히 높게 평가된 포세이도니

오스(기원전 135~51)의 스승이었고, 포세이도니오스는 다시금 키케로
뿐만 아니라 폼페이우스에게도 철학을 가르쳤다. 『의무론』을 쓴 직
접적 동기와 정치적 배경은 로마의 내전(기원전 49~45)인데, 이 내전
은 (루비콘 강을 건넌 후) 독재자가 된 카이사르가 공화주의자인 폼페
이우스에게 압도적인 승리를 거둠으로써 로마 공화국의 종말을
알리는 신호탄이 되었다. 국가와 국가의 에토스에 관한 이러한 급
진적인 문제 제기를 보면 키케로가 플라톤의 규범 윤리, 특히 그의
『국가』와 정의 패러다임과 강한 유사성을 보이고 있다는 것은 그
리 놀랄 일이 아니다. 키케로가 로마가 공화국에서 세계 제국으로
근본적인 변화를 겪게 되는 전야에 이와 유사하게 몇백 년 전 그리
스의 폴리스가 헬레니즘 제국으로 변화하는 것을 사회문화적으로
극복해야 했던 그 철학적 학파의 이야기를 왜 다시 끄집어냈는지
는 그의 전기적 삶과의 연관성을 통한 것 말고도 이념사적으로도
설명된다. 물론 그의 개인적 운명, 즉 공화주의가 이렇게 몰락하는
가운데 그 희생자가 되는 운명으로 인해 그는 자신의 지침이 되는
사유를 더 이상 외면할 수 없었을 것이다. 종종 그렇듯 미네르바의
부엉이는 황혼에야 비로소 날개를 편다…….

로고스: 스토아학파의 에토스와 로마법 사이

키케로 사상의 핵심에는 스토아적으로 이해되는 보편적인 인간의
'의무'뿐만 아니라 로마 시민의, 무엇보다도 로마 정치 지도자의 '의
무'가 자리 잡고 있다. 키케로는 폴리스라는 틀 안에서 정신물리학
적 그리고 사회경제적 조화로 이해되는 플라톤의 정의 패러다임에

서 출발해서 초기 헬레니즘적이고 세계주의적인 스토아학파(제논, 클레안테스, 크리시포스)의 금욕적인 엄격함을 거쳐 중기 스토아학파와 함께 순수 의무성의 독단론을 지양하고 살아 있는 의무성을 지향하는 철학론에 도달했다. 이때 키케로는 파나이티오스의 의무론을 출발점으로 삼는데, 키케로의 『의무론』은 파나이티오스의 이론을 라틴어로 개정한 것이라 할 수 있다. 키케로는 원문의 글자를 문자 그대로 번역한 것이 아니라 의미를 전달하는 번역이라는 후기 로마 전통의 번역 양식을 통해 라틴어로 된 스토아학파의 주요 저서를 썼다.

여기서 특징적인 것은 키케로가 스토아학파를 '정치화'하고, 그래서 스토아학파를 본래의 헬레니즘적이고 비정치적인 초기 비더마이어풍("침묵은 첫 번째 시민의무이다")에서 끄집어내 정치세계로 끌어들였다는 것이다. 헬레니즘 시대에 와서 공식적인 기준 틀인 폴리스가 해체되고, 지역성을 탈피한 알렉산드리아 학파의 제국성Imperialität이 새로운 척도가 된 이후, 초기 스토아학파는 폴리스라는 고대 그리스의 가치 틀을 극복하고 세계주의를 발전시켰는데, 이때 세계주의는 더 이상 폴리스의 중요한 시민계급이 아니라, 그리스 문화와 야만 문화를 가르는 경계 너머, 자유와 노예 상태를 가르는 경계 너머에 있는 인류를 초기 스토아학파의 인류학과 윤리학의 대상으로 삼았으며, 이와 함께 헤라클레이토스의 기본 입장을 다시 받아들였다. 여기서 헤라클레이토스는 보편적인 불-로고스-영혼을 통해서 이미 물질과 정신 사이의 매개를 성취했지만,—그의 시대를 훨씬 앞서서—이러한 변증법과 함께 모호함의 세계 속에 머물러 있었다.

개인주의적 초기 스토아학파의 휴머니즘 개념의 이런 보편성 Globalität은 중기 스토아학파에 오면 변혁을 겪게 된다. 새롭게 부상한 세계 패권 세력인 로마와의 접촉을 통해서 파나이티오스와 포세이도니오스는 순수하게 자기 안에서 멈춰 있는 개인성이라는 고전적 헬레니즘 개념을 계속 발전시켜 의무성을 완전히 공동체적으로 파악했다. 이제 인간과 그들의 공동체인 *공화국res publica*은 동일한 정도로 의무를 지게 된다. 개인보다 공동체를 우위에 놓는 상황에서 키케로는 이런 동등성을 말하는 것에 대해 유보적이었을 것이다. 이와 함께 로마 공화국의 정치가의 에토스가 언급되었는데, 이것은 로마의 원로원과 국민—로마의 원로원과 인민*senatus populusque Romanus*—을 위한 의무를 말한다.

폴레모스: 법과 공정함 사이

초기 공화정 시대의 로마 전쟁이론의 규범적인 토대는 사제단법 Fetialrecht이다. 이것은 초기 로마 공화정이 강력한 종교적 특징을 가지고 있었음을 보여주고 있는데, 이 법은 점점 전쟁 개시의 형식적 절차로 발전하면서 늘 전쟁이 '합법적인' 개시절차를 밟았는지에 관해 질문을 할 수 있었다. 거의 제의 수준까지 발전된 이 복잡한 절차는, 전쟁의 수행을 붙들어두거나 전쟁 수행 절차를 만듦으로서 그 근거를 추체험할 수 있게 하고 법률적으로 검증할 수 있게 만들었을 것이다. 궁극적으로 전쟁을 신의 심판으로 형상화한 초기 로마의 제식이 이러한 절차에 토대를 제공했을지도 모른다.

즉 형식적으로 '올바르게' 수행되는 전쟁들은 일반적으로 승리를 했다. 대부분 영토나 자원을 놓고 벌인 이웃 나라와의 충돌이 이런 토론의 대상이었다. 그래서 전쟁 개시를 하는 절차의 중심에는, 항상 절차의 확인이나 그 결과로 종종 겪게 될 불이익에 대한 손해배상에 관한 법의 공포가 있었다. 이처럼 공화국이 제국으로 성장한 시기에는 지역적이고 반발적인 전쟁 시나리오들만으로는 충분하지 않았다. 늦어도 기원전 155년에 스토아 철학자인 카르네아데스의 출현 이후로, 로마의 시민들은 (후기) 헬레니즘의 부정의 변증법, 인식 비판, 수사학, (스토아학파의) 국가 윤리 그리고 이 윤리가 계획하고 있는 합법적 지배와 공권력 행사Gewaltausübung에 직면하게 되었다. 이로써 제의를 통해 전쟁을 합법화하거나 관례적으로 형식화하는 것으로는 더 이상 충분하지 않았고, 전쟁의 실체적이고 도덕적인 정당성을 요구하고, 그것의 정의로움에 대한 질문에 대답하기를 바라게 되었다.

키케로는 『의무론』에서 이에 대한 고전적인 접근방법을 제공한다. 이미 언급했듯이, 이 책은 본질적으로 스토아학파의 철학자 파나이티오스의 윤리학에 뿌리를 두고 있다. 그러나 『국가론』은 전쟁에 관한 중요한 진술들도 포함하고 있다. 키케로가 전쟁의 영역에서 행동을 통해서, 즉 공격을 통해서 또는 요구되는 방어를 하지 않음으로써 부당한 행위를 했는지를 명확히 구별한 것이 우선 눈에 띈다. 그가 『의무론』 1권 7장에서 전쟁에 관한 실제적 논의에 앞서 언급했던 이런 접근법은 이미 '윤리적' 전쟁 개념을 암시하고 있다. 왜냐하면 부당한 공격에 대해 방어를 하지 않는 것은 그 자체로 부당한 짓이기 때문이다.

이로써 우리는 이미 키케로에게서 공격 전쟁을 금지하고 방어 전쟁을 허용하는 유엔 원칙의 중요한 자연법적 원천을 볼 수 있다.(유엔 헌장 51조: "이 헌장은 유엔의 회원국에게 무장한 공격을 하는 경우 개인적인 또는 집단적인 자위를 위한 자연적으로 주어진 권리를 결코 침해하지 않는다.") 키케로는 국제관계에서 분쟁이 발생할 경우에 그것을 해결하는 데는 두 종류의 방법이 있을 것이라고 말한다. 즉 법률적인 담판 또는 전쟁을 통한 무력 사용이 바로 그것이다. 이러한 연관관계에서 키케로는 법을 사용하는 것은 인간에게 적합할 것이지만 폭력을 사용하는 것은 동물에게 어울릴 것이라고(『의무론』 1. 11. 34) 말하고 있다. 협상을 통해 해결될 가능성이 더 이상 없고 그래서 이 방법이 봉쇄되는 경우에만, 비로소 전쟁은(폭력 사용은) 윤리적으로 허락된다. 따라서 이러한 경우 다른 국가들을 상대로 전쟁을 벌일 권리가 주어진다. 이 점에서 칸트나 독일 관념론에서까지 볼 수 있는 역설이 등장한다. 그것은 사회적 현상인 전쟁을 양가적으로 이해하는 것이다. 즉 한편으로 폭력 행위로서 전쟁은 동물에게 나타나는 고유한 특징이고, 그러나 다른 한편으로 전쟁은 윤리적으로 정당한 것으로서 법적인 틀 안에 있는 것이다.(칼 슈미트, "애정을 가지고 돌봐주어야 하는 전쟁" 참조) 그러므로 인간의 "동물적인" 행동이 합법적 범위 내에서 행해지는 한(합법적 전쟁ius in bello), 그것을 도덕적으로 정당화하는 경우들이 존재할 수 있다(정당한 전쟁ius ad bellum).

체계적으로 보았을 때 자명한 것은 키케로에 있어서 전쟁은 원칙적으로 "정당하거나" "해롭지 않게" 평화에 도달하는 수단이라는 관점에서 조명될 수 있다는 것이다. 이로써 키케로는 물질적이고 실재적인 평화 개념을 지지했고, 단순하게 전쟁이 일어나지 않는 상태라는 부정적이고 형식적인 평화 개념을 지지하지 않았다. 어느 누구도 평화를 위해 부당함을 당하도록 강요될 수 없다.(『의무론』 1. 11. 35) 그래서 정당한 전쟁의 목표는 항상 정당한 평화이다. 키케로는 간접적으로 "정당한" 전쟁을 수행할 필요성도 호소하고 있다. 그러나 여기서 중요한 것은 잔인함과 비인간성을 피하는 것이다. 즉 그런 냉혹함과 야만성을 자제하는 사람에게—싸워 얻은 승리 후에—사면이 주어져야 한다. 이런 맥락에서 키케로는 로마의 공화주의적 전쟁 전통을 언급하고 있다. 거기서 그는 전쟁 수행의 냉혹함 아니면 평화 보장의 "지속성"을 실존적으로 고려하는 것들이 중요한 역할을 했던 사례들(북아프리카의 카르타고, 스페인의 누만시아, 그리스의 코린트)도 들고 있다. 만약 적을 사면하려고 했지만, 이 적이 다시 전쟁을 벌이게 된다면, 이 사면은(위에서 언급한 사례에서 일어났던 것처럼) 일반적으로 지켜질 수가 없다. 그런 상황 전개가 일어날 염려가 없을 경우에는, 시민권을 주는 것도 권하고 있다. 다시 말해 아리스토텔레스와 달리 키케로는 패배한 적을 노예화하는 것을 권하지 않았다. 둘 사이의 이런 차이점은 스토아학파 윤리의 세계주의적 근본 태도에서 설명되기도 하지만, 키케로의 양가적이면서도 동시에 식민주의적 인도주의 때문이기도 하다. 어쨌든 키케로가 다시 한 번 분명하게 반복해서 언급하는 것은(『의무론』 1. 11. 35) 평화가 자기 존재를 위협하지 않고 이 평화 속에 호전적 적대감이 새롭게 생길 만한 단초가 있을 거라는 걱정을 하지 않는 한, 우리는 항상 평화를 추구

해야 한다는 것이다.

키케로는 우선 합법적인 전쟁에 대한 몇 가지 기본적인 성찰을 한 후, 정당한 전쟁(『의무론』 1. 11. 36)에 대한 질문, 즉 전쟁에 관한 윤리적 정당화('공정함Billigkeit')에 대한 질문을 제기한다. 여기서도 이 로마 법률가가 쓴 글을 알아볼 수 있다. 키케로는 아직도 고대 로마시대 사제단법의 법윤리적 규정과 명백히 연관되어 있다. 이에 따르면—위법적 행위로 인해 피해를 본 후—사전에 피해보상을 요구했으나 보상 받지 못했거나 사전에 전쟁을 하겠다고 분명히 위협하고 선전포고를 하고 전쟁이 일어난다면, 그것은 공정하다고 할 수 있다. 키케로가 이러한 전통적인 로마의 전쟁법과 명확하게 관련된다는 사실은, 로마의 토론에서 *ius ad bellum*(정당한 근거)와 *ius in bello*(정당한 행사)가 여전히 밀접하게 맞물려 있다는 사실로부터 증명된다.

키케로의 근대적 성격은 부록에서(『의무론』 1. 11. 37) 찾아볼 수 있는데, 여기서 그는 전쟁에서 전쟁을 수행할 권리는 (공식적) 군인, 즉 국가권력에 의해 정당화된 "기관Organ"이 되는 것과 연관되어 있다고 말한다. 이러한 사고는 근대에 들어와서 특히 루소가 『사회계약론』에서 인간이 아닌, 분명 시민이 아닌, 군인만이 상호 적으로 맞서야 한다고 언급할 때 다시 채택된다. 키케로에 의하면, 원래 "호스티스 hostis(적)"는 초기 로마시대에 법적으로 존중되어야 할 외국인을 지칭했고 키케로의 시대에 와서야 처음으로 그 의미가 분화되었다. 즉 이 말은 친절한 외국인인 "페레그리누스peregrinus"와 무장한 채 싸우려 드는 적인 "호스티스"로 나누어진다. 이와 마찬가지로 키케로가(『의무론』, 1, 11, 38) 생존전쟁Existenzkrieg과 명예전쟁Exzellenzkrieg 사이를 구별한 것은 매우 '근대적'인 생각이었다고 할 수 있다. 다시 말해 생존전쟁의 경우에는 부당한 적과 싸워 생존하는 것이 중요하며, 이 때문에 군사력을 사용하는 데 있어서 어떤 제한이나 규칙에 얽매일 필요가 없다. 이와 달리 명예전쟁의 경우에는 명성과 명예 그리고 정치적 패권이 중요하다. 생존전쟁은 사용 가능한 모든 수단을 동원해 수행되어도 되지만, 명예전쟁은 정당한 경쟁자들 또는 전쟁 참여자들 사이에 힘의 크기를 재는 것이다. 그래서 명예전쟁은 약속을 지키듯이 근본적 법 규칙을 지켜야 한다. 근대에는 명성과 명예 그리고 정치적 패권을 위한 이러한 형태의 전쟁 수행을 "결투전쟁Duellkrieg" 또는 "애정을 가지고 돌봐주어야 하는" 전쟁(칼 슈미트)으로 부르고, "총체적 파괴 전쟁"과는 구별하고 있다.

"총체적 파괴 전쟁"의 예로서 키케로는 켈티베리안 전쟁(기원전 200~133)과 침버족과의 전쟁(기원전 101)을 든 반면 한니발(기원전 218~201)과 피로스(기원전 282~276)와의 전쟁은 정치적 패권을 위한 전쟁이라고 보았다. 물론 키케로는 제2차 포에니 전쟁이 한니발의 잔인성 때문에―원래 이 전쟁의 정치적 '생존 성격'이 요구하는 것보다―더 격렬하게 행해졌다고 암시하고 있다. 피로스는 반대로 키케로에 의해서 전형적인 "정당한 적"으로 간주되었다. 로마는 그에게 약속을 지켰을 뿐만 아니라, 그를 배신하고 투항한 자들과는 달리 그의 목숨을 살려주었다.

이런 식의 설명으로 키케로는 전쟁의 정당성 문제에 대한 지침을 제시해주는 성찰을 마무리 지었다. 키케로의 이러한 성찰에서 현재 진행되고 있는 전쟁에 관한 논쟁의 중요한 요소를 얻을 수 있다. 즉 *ius ad bellum*(정당한 근거)와 *ius in bello*(정당한 행사)의 구분과 전쟁 수행을 위한 이 두 가지 규범적 차원들의 내적 연결, 정당한 평화라는 기준, 다시 말해 '물질적 평화'라는 근대 개념조차 넘어서는 원칙이 그것이다. 궁극적으로 생존전쟁과 명예전쟁 사이의 구분은 키케로에서 시작되었다.

아우구스티누스 - 전쟁과 교회

전쟁에서 무엇이 비난 받아야 하는가? 전쟁으로 인해 언젠가 모두 죽게 될 인간들이 승리자가 평화롭게 살 수 있기 위해서 살해된다는 사실인가? 전쟁에서 그것을 항의하거나 혐오하는 것은 소심한 일이고, 경건함과는 거리가 멀다.

『(마니교도) 파우스투스 반박』 XXII. 74

그래서 전쟁이 원하는 마무리와 목표는 평화라는 사실이 명백하다. 하지만 누구나 분명 전쟁을 통해서도 평화를 구하지만, 어느 누구도 평화를 통해서 전쟁을 추구하는 건 아니다. 평화롭게 살면서 평화를 없애려는 사람은 평화의 적이 아니라 이와는 좀 다를 뿐, 자신의 소망에 상응하는 평화를 원한다. 그래서 그는 평화가 없기를 원하는 것이 아니라, 자신이 원하는 방식으로 평화가 존재하기를 원한다.

『신국론』 XIX. 12

비오스: 데카당스 문화와 새로 출현하는 힘 사이

아우렐리우스 아우구스티누스(354~430)는 서양에서 가장 영향력이 있는 신학자이자 철학자였다. 그가 태어나기 몇 년 전에 그리스도교는 밀라노 칙령을 통해 기독교 신앙의 자유를 보장한 콘스탄티누스 대제의 개혁 조치를 통해 로마제국의 지도적 역할을 담당하게 되었다. 콘스탄티누스 대제는 서기 330년에 그리스 도시 비잔틴을 로마제국의 새로운 수도(콘스탄티노플)로 만들었다. 제국의 두 반쪽인, 라틴어를 쓰는 불안정한 서로마와 그리스어를 쓰는 안정적인 동로마는 점점 따로따로 발전했다. 게르만족의 대이동이 서로마에 가한 압력은 계속 커져갔는데, 로마제국은 이러한 인구적-군사적 압력을 계속 버텨낼 정도로 저항력이 있는 문화는 아니었다.

북아프리카의 타가스테에서 태어난 아우구스티누스는 삶의 대부분을 카르타고와 밀라노, 즉 라틴어를 쓰는 제국의 서쪽에서 보냈다. 청소년기를 방황하며 방탕하게 보낸 후, 18세(372)에 스토아 철학에서 영감을 받아 키케로가 쓴 책을 읽은 뒤 수사학과 철학을 공부하고 실천하게 되었다. 우선 대략 십 년에 걸쳐 아우구스티누스는 마니교의 유혹을 극복하는데, 마니교는 선과 악, 빛과 어둠, 신과 악마처럼 모든 것을 단순하게 둘로 나누는 이분법을 통해 결코 변증법적 이행을 허락하지 않았고 스스로 그리스도교의 한 분파라고 위장했음에도 불구하고 사실상 이교도적인 그노시스파의 교리였다. 아우구스티누스는 383년에 마니교의 주교였던 파우스투스를 만났지만 그에게 지적으로 매우 실망했다. 그래서 400년에 이 파우스투스 주교를 비판하며 쓴 아우구스티누스의 주요 저서

『(마니교도) 파우스투스 반박』23서가 나오게 된다. 그러나 아우구스티누스가 이러한 마니교의 근본 입장을 완전히 떨쳐버릴 수는 없었다. 그가 회의주의라는 위기에 빠졌을 때 스토아철학과 플라톤 그리고 신플라톤주의 이론의 도움으로 위기를 벗어났고 플라톤주의자인 밀라노 주교 암브로시우스의 영향을 받아 그리스도교 신앙으로 귀의했음에도 불구하고 아우구스티누스는 도덕성에 대한 큰 도전인 이러한 이분법적 입장과 맞서 씨름해야 했다. 방법적으로는 항상 수사학에 충실하면서 아우구스티누스는 387년에 세례를 받은 후 몇 년 뒤에 사제로 서임되고, 그 후 395년에 오늘날 알제리에 있는 히포의 주교가 되었다. 그는 반달족이 북아프리카에서 쳐들어왔을 때인 430년에 사망했다.

아우구스티누스의 생애는 1000년 동안 지속된 로마제국의 충격적인 몰락에 의해 특징지어졌다. 특히 북부 게르만족의 민족 대이동으로 인해 지속적으로 가해진 압박을 로마제국은 더 이상 견디지 못했으며, 378년에 아드리아노플에서 벌어진 고트족과의 전쟁에서 패배한 이후 흔들리면서, 더 이상 회복이 불가능한 상태에 빠지게 된다. 그래서 410년에 로마 자체가 수백 년 만에 다시 한 번 고트족에게 약탈당하는 것을 허용해야만 했다. 그 다음 로마는 455년에는 반달족에 의해 그 이상의 약탈을 당했다. 아우구스티누스는 이런 시대에 살고 활동했다. 그는 무엇보다도 로마가 몰락하는 이 시기에 그리스도교는 자기 역할에 대한 근본적인 의문에 직면하게 되었다고 보았다. 이러한 질문에 대한 아우구스티누스의 대답이 바로 『신국론』(413~426)이다.

로고스: 천상과 지상 사이

한편으로 고대에서 중세로, 다른 한편으로 순수 계시 종교에서 과학적 신학으로 넘어가는 과도기에 아우구스티누스가 차지하고 있는 중심 위치는 결코 충분히 평가할 수 없을 것이다. 아우구스티누스는 헤라클레이토스, 플라톤, 스토아주의자들 또는 키케로와 유사하게 내면에서 우러나오는 천재적 열정에 의해서 철학을 했지만, 아리스토텔레스나 훗날 토마스 아퀴나스가 그랬듯이 거대한 체계를 만들 만한 내적 여유를 누릴 수 없었던 사상가들 중 한 명이다. 그러한 '열정적' 사상가들은 자기 내면에서 발산하는 충만한 성찰적 본성으로 인해 정당성을 부여하는 시각을 외면적인 감성과 실증성의 세계로부터 내적인 지혜와 규범성으로 되돌려놓는다는 특징이 있다. 아우구스티누스는 본질적으로 고대 플라톤과 신플라톤학파의 주지성Intellektualität과 키케로에 의해 전달된 스토아학파 윤리학의 주지성을 받아들이고 있긴 하지만, 다음 예에서 우리는 '신플라톤주의'와 '그리스도교' 사이의 본질적 차이를 알 수 있다. 헤라클레이토스적으로 이해될 수 있는 신플라톤주의에서 신은―다시 말해 실체적이고 범신론적으로―사물들을 통해 뚜렷이 모습을 드러낸다면, 그리스도 교리에서 신은 단지 사물들을 통해―인식론적으로 해명하면서―계시될 따름이다.

실천철학의 영역에서 아우구스티누스가 교회와 국가의 관계에 대해 유럽 최초로 근대적으로 성찰한 사람이라는 것은 의심의 여지가 없다. 아우구스티누스에게 지상의 나라civitas terrena는 하위의 보잘것없는 기구인데, 이러한 나라의 유일한 목적은 세속적인 세계에서 악을 물리치는 것일 수 있다. 그럼에도 지상의 나라가 결코 베풀어줄 수 없거나 단지 제한적으로만 보장하는 것은, 기독교인의 영혼을 개별적으로 구제하는 것이다. 이것은 신앙 공동체(civitas Dei)의 과제인데, 여기서 공동체란 교회라고 부를 수 있지만, 곧바로 '관청교회(Amtskirche)'와 동일시 되어서는 안 된다. 어쨌든 아우구스티누스에게 중요한 것은 후기 로마시대 제국관에서 나온, 교회를 국가와 정신세계를 이끄는 인간 단체로 생각하는 것을 극복하는 것이다. 아우구스티누스에게 중요한 것은 인간에게 신앙과 영혼 구제의 길을 제시해야 한다는 '교회'의 숭고한 사명을 국가의 정치적 과제나 순전히 세속적 의도와 분리하는 것이었다. 이러한 구상에서 다시, 설명 가능한 물질의 질서 위에 설명이 어려운 정신의 숭고함이 있다는 것을 암시하는 플라톤 철학의 구조들이 아주 명확하게 인식된다. 아우구스티누스의 사유가 마니교와 씨름하고 있다는 관점에서 보면, 플라톤의 이런 철학적 입장이 강화되고 있다는 사실은 실제로 놀랍지 않다.

정당한 전쟁에 관한 아우구스티누스 이론의 주요 원전들로는 400년에 쓰여진 『(마니교도) 파우스투스 반박』의 제22권과 413~426년에 저술된 『신국론』의 제19장이 있다. 파우스투스에 대한 저술은 아우구스티누스가 결국 논증을 통해 마니교를 극복했음을 의미한다. 위에서 언급한 것처럼 아우구스투스는 383년에 카르타고에서 마니교의 가장 중요한 대표자인 파우스투스(350~400)를 만나고 각성하게 된다. 그 당시 이미 아우구스티누스는 페르시아 마니교(216~276)의 통합 교리를 의심하기 시작했다. 그는 빛의 제국과 어둠의 제국 사이의 영원한 싸움 그리고 세계를 빛과 어둠의 혼합으로 이해하는 것을 의심했다. 비록 아우구스티누스가 십 년 넘게 마니교를 추종한 후에야 결국 이 교리와 결별하긴 했지만, 아우구스티누스 교리의 본질적 관점들에 어느 정도 마니교의 특징이 담겨 있는지 그리고 기독교로 들어가는 과정에서 마니교가 어느 정도 받아들여졌는지는 여전히 풀리지 않은 의문으로 남아 있다. 어쨌든 『신국론』에 나오는 많은 이야기들은 이러한 개념, 특히 '신국론'과 '지상의 나라' 사이에는 기능의 차이뿐만 아니라 그 가치평가의 차이도 있다는 것을 떠올리게 만든다.

폴레모스: 부당성과 진정한 평화 사이

우리가 다루고 있는 문제와 연관된 생각들은 아우구스티누스의 『(마니교도) 파우스투스 반박』의 제12권 74장과 75장에 나타난다. 74장에서 아우구스티누스는 도그마적 평화주의에 명백히 반대하고 있다. 아우구스티누스는 정의로운 사람이라 할지라도 악인들이 휘두르는 폭력에 맞서기 위해서는 마찬가지로 폭력을 사용해야 한다고 말하고 있다. 하지만 이런 당연한 규정의 목표는 한편으로는 유한한 삶을 살아가는 인간들의 평화이고, 다른 한편으로는 통치자의 공식적인 선전포고를 통해 정당화되는 평화를 이룩하는 전쟁이다(이런 점에서 아우구스티누스는 분명히 키케로와 연관된다). 전쟁에서 인간들을 죽이게 되는 이 독특한 상황을 아우구스티누스는 그 자체로 "비난할 만한" 것으로 간주하지 않았다. 왜냐하면 몇 세기 후에 실러가 『메시나의 신부』에서 말했듯이, 분명 세속적 삶은 "최고의 자산"이 아니기 때문이다. 실러에게 세속적 삶은 죄를 마주하면서 이루어진다. 그런데 죄는 키케로가 이미 『친구에게Ad Familiares』에서 언급했듯이 최고의 악이다. 그러므로 그리스도 교도는 정당한 전쟁을 하도록 지시하든지 아니면 정당한 전쟁을 하라는 지시를 따를 수밖에 없다.

전쟁의 정당성에 관한 문제에서 아우구스티누스에게 본질적으로 중요한 것이 내적 동기라는 사실은 그가 정당하게 수행되는 전쟁의 범주에 들어가지 못하는 것으로 피해를 끼치려는 욕망, 잔인한 복수심, 화해할 수 없음, 보복하려는 분노 그리고 정복욕을 든 데서도 드러난다. 하지만 폭력행위(권리침해) 자체가—처벌하는 것이 정당한데—달리 벌할 방법이 없다면 전쟁을 수행하게 만들 수 있다.

아우구스티누스는 특별하게 복잡한 논증을 『(마니교도) 파우스투스 반박』제12권 75장에서 전개한다. 성경에 근거해서 그에게 지상의 모든 권력은 신에게서 나온다(로마서 13장 1절)는 것이 명백했기 때문에, 정의로운 사람이 믿을 만한 사람이 못 되는 왕을 섬기고 있다 할지라도, 이 왕의 명령이 그 자체로 신의 계율에 모순되지 않는 한 그는 정의의 법칙을 어기지 않고도 왕의 명령을 수행할 수 있다. 다시 말해 믿을 만한 사람이 못 되는 왕이 부당한 동기로 전쟁을 일으킴으로써 불의를 행할 수 있다. 하지만 아우구스티누스에 따르면, [이러한 부당한 왕에 복종하는] 정의로운 군인은—구체적인 명령이 신의 계율과 구체적으로 모순되는 경우에만—그 부당함에 대한 책임을 진다. 근대에 와서 이 문제는 다음과 같은 질문과 연관되어 다루어지고 있다. 군인은 어느 정도 부당한 명령까지 수행해야 하는가?(문제의 명령이 구두 명령이든 서면으로 확인된 명령이든) 그리고 어느 시점부터 법규정 또는 헌법규정이 그에게 명령을 거부할 것을 요구하는가?(형법을 위반하는 경우 또는 인권이나 헌법을 위반하는 경우)

『신국론』 제19권에서(7장) 아우구스티누스는 정당한 전쟁과 관련된 문제를 다시 상세하게 다룬다. 여기서 그는 인간의 부당함이 정당한 전쟁을 수행해야 하는 필요성의 근거라는 근본 문제에서 출발한다. 이러한 부당함이 없다면 아마 정당한 전쟁도 존재하지 않을 것이다. 물론 인간의 이런 부당함이 전쟁이 일어난 필연적 이유가 되지 않을 때에도 그것은 유감스러운 것이다.

아우구스티누스는 소위 보편적인 평화라는 목적에 대해서 『신국론』 제19권 12장에서 논의하고 있다. 전시든 평시든 모든 인간은 평화를 갈망한다. 인간은 평화를 위해 전쟁을 수행하고, 평시에도 평화를 위해 전투력을 유지한다. "평화를 원한다면, 전쟁을 준비하라."(베제타우스) 심지어 전쟁 중에도 평화를 원하고, 전쟁을 원하는 사람조차도 전쟁을 위해서가 아니라 더 좋고 정의로운 평화를 위해서라는 명분을 건다. 심지어 악인까지도 그들의 입장에서―적을 더 잘 공격하기 위해서―평화를 원한다. 전쟁에서 누구든지 죽일 수 있는 가장 강력한 힘을 가진 자조차도 많은 사람들과 평화롭게 살아야 한다. 그들이 자기 가족이라면 말이다. 하지만 이와 같은 강력한 권력자는 모든 도시나 민족들을 정복하여 자신에게 복종하게 만든 다음, 이렇게 자기 식구가 된 사람들과 평화를 유지하려고 한다. 세상에서 가장한 부당한 전쟁은 패배자를 예속시키고 그와 강요된 평화를 나누려는 의도를 가지고 수행된 전쟁이다.

아우구스티누스는 바로 루소처럼 반야만인은 물론 야생의 늑대들조차 가지고 있는 평화에 대한 갈망을 존재의 내재적 필연성(훗날 루소가 자기보존과 종족보존이라고 부른 특성 때문에 늑대는 최소한 자기 육체와 자기 새끼와 함께 "평화롭게" 살아야 한다.)이라고 설명하고 있다. 심지어 신의 정당한 질서를 뒤집고 있는 가장 악한 사람조차도 이웃들과 평화롭게, 즉 그들에게 자신의 왜곡된 "평화질서"를 강요하면서 함께 살려고 한다. 아우구스티누스는 계속해서(제19권 12장) 말하고 있다. "그는 신의 정당한 질서를 혐오하고, 자기만의 부당한 평화를 사랑한다. 그러나 평화를 향한 사랑이 없다면 악인조차 존재할 수 없다. 왜냐하면 본질Wesen에 어떤 결함이 있다 하더라도 그것이 천성Natur에, 즉 천성의 근본 특징인 평화 지향성을 파괴할 정도로 천성에 완전히 반해서 존재하지 않기 때문이다." 그래서 우리들은 루소의 "자기애amour de soi"에 기대서 말하도록 유혹 받는다.

아우구스티누스는 이런 성찰들을 궁극적으로 정의로운 사람들의 신적인 평화뿐만 아니라 불의한 사람들의 왜곡된 평화도 "평화"라고 불러야 한다는 말로 마무리하고 있다. 그렇지 않다면 그 곡해된 것은 전혀 무의미한 것이 될 것이기 때문이다. 여기서 아우구스티누스의 평화 개념의 급진성을 알 수 있다. 그의 평화 개념은 윤리적 판단을 넘어 존재론으로 이어진다. 아우구스티누스에 의하면 평화는 존재의 본질이다. 그러나 이런 평화는 "정당하든"지 "부당하든"지 언제든 도달될 수 있는 것이다. 이로써 평화는 "원천적으로 주어진 것"이 아니라 만들어진 것이 된다. 평화는 원래의 이원성을 극복하는 것인데, 이것이 이루어지지 않으면 이원성은 아무

쓸모가 없어진다.

제19권 13장에서 아우구스티누스는 평화를 플라톤의 의미에서 "조화"로, 다시 말해서 화음, 질서, 융화, 극단들 사이의 균형이라고 말하고 있다. 예를 들어 이성을 가진 영혼들의 평화는 인식(이론)과 확인(실천)의 '질서 있는 조화'라고 볼 수 있으며, 가족 구성원이든 국가 시민이든 '질서 있는 융화'의 틀 안에서 인간들이 누리는 평화는 명령과 복종에 연관되어 있다. 이런 맥락에서 아우구스티누스가 말한 "질서"란 어떤 의미일까? "질서란 사물을 평등하고 불평등하게 나누어 각각에게 자신의 자리를 지정해주는 것이다." 이어서 아우구스티누스는 부당한 취급을 받은 사람들에 관해 언급하고 있는데, 이들은 비록 부분적으로 평화로운 질서 속에 존재하고 있지만, 부분적으로 또한 그렇지 않다. 이들은 고통을 겪고, 완전한 휴식과 질서가 허락되지 않는다. 왜냐하면 이들도 마찬가지로 정의롭지 못하며 그래서 신의 정의를 완전히 소유할 수 없기 때문이다. 그러나 아우구스티누스는 본성이거나 본성을 소유하고 있는 것은 평화, 즉 질서정연한 삶과 필연적으로 연관될 수밖에 없다고 제13장에서 말하고 있다.

그 다음 아우구스티누스는 제19권 14장에서 지상의 평화와 천상의 평화에 대해 자세히 설명한다. 이성이 없는 생물체는 본질적으로 물질적 삶의 균형 그리고 휴식과 질서를 유지하려고 마음먹는다. 이런 충동은 향유를 통한 욕구 해소를 필요로 하고, 영혼은 휴식과 질서를 필요로 한다. 이렇게 해야만 지상의 평화가 달성된다. 그러나 이성적인 생물체가 평화를 얻으려고 노력하면, 천국에서만 획득될 수 있고, 이것이 바로 천상의 평화이다. 이런 평화는, 이성이 부재한 생명체들이 아무 생각 없이 실용성 있는 지식으로 이해하고 있던 모든 것이 이제부터 성찰적이고 정신적으로 평가 받으면서 비판적 인식(이론)을 토대로 자기 행위(실천)를 하게 된다는 데서 온다. 지상에서 삶이 유한하다는 것을 알기 때문에 이성을 사용할 수 있는 영혼은—신의 계율에 대하여 이성적으로 복종하고, 신앙을 통해 신의 영원한 계율을 따르는 한—신과 평화조약을 맺고자 애쓴다. 이런 관계에서도 조화와 일치는 본질적으로 중요하다. 이런 천상의 평화는, 신과 자신 그리고 식구들을, 즉 지배하거나 책임지고 있는 존재들을(자기 가족이든, 자기 도시든, 자기 국가든) 사랑함으로써 드러난다. 그래서 자기 가족을 돌보는 것은 신에 대한 경외의 의미에서 정당한 평화이다. 왜냐하면 정당한 명령은 지배욕으로부터 나오는 것이 아니라, "자비로운 보살핌"에서 나오기 때문이다.

제19권 17장에서 아우구스티누스는 가족과 국가의 유사성을 이용하여 다시 한 번 평화에 대해 언급한다. 다시 말해서 아우구스티누스는 유한한 생명을 누리는 인간이 생존하기 위해 필요한 세속적 평화와 "신을 향유하고 신 안에서 상호 향유하는 완전하게 정돈되고 조화로운 공동체" 속에서 누리게 되는 영원한 천국의 평화에 대해서 이야기하고 있다. 세속적 평화란 유한한 인간의 의지가 현세적 질서와 일치를 이루고 명령과 복종을 통해 융화되면서 조화를 이루는 것이다. 하지만 신성한 평화는 유한한 생명을 누려야 하는 신앙인들과 정의로운 인간들에게 이들이 순례여행을 완전히 마친 후 신 안에서 평화를 누리도록 약속이 되어 있다. 그래서 신

양심이 있는 순례자조차 세속적 국가의 법률과 그것의 평화 질서를—이 법률이 신을 향한 복종의 관점에서 순례를 침해하지 않는한—따라야 한다는 사실은 아우구스티누스에 있어서 중요하다. 천국은 그 구성원의 민족적, 지역적 특수성이나 언어, 법률 그리고 평화와 관련된 제도들에—그들이 영원한 평화를 얻으려는 노력이 단지 이 세속적 제도를 통해 방해 받지 않는 한—유념하지 않는다.

제3장

합법적 전쟁과 합리적 적법성 – 그로티우스, 스피노자, 칸트

전쟁은 도덕적 현상일 뿐만 아니라, 이것은 도덕의 효력이 위기에 빠진 순간에 실증적 법률의 문제로 변질된다. 전쟁은 도덕 이전에 절차의 적법성이라는 성격을 가지며, 합법적 전쟁의 핵심 요구사항인 정의도 법적 절차를 거치면 소멸된다. 그로티우스는 모든 측면에서 완전한 정의를 요구한 근대 초기의 종교전쟁들을 통해 전쟁의 도덕적 성격을 벗겨내고 전쟁을 세 가지 요건에 맞는 법적 절차로 만들었다. 이 세 가지 요건이란 적법한 기관과 적법한 절차 그리고 적법한 이유이다. 스피노자는 다시 한 번 헤라클레이토스의 급진적 태도로 하층민의 의무들을 구성요소modular로 가치중립화 시키는 것을 용인하는 도덕 이전의 이성성을 분명하게 설명했다. 이에 따라 스피노자는 전쟁을 전능한 합리성을 실현하기 위한 도구로 보고 있다. 자유라는 기호 안에서 정당성과 도덕성을 분리시킨 스피노자의 정언적 이성사고를 그로티우스의 규칙 사고Regeldenken와 화해시키는 것은 칸트의 몫이었다.

우리의 두 번째 변증법적 숙고에서는 전쟁이 도덕적 성격에서 벗어나 변질되는 것, 즉 전쟁의 추상적 합법성을 다루어볼 것이다. 이런 점에서 전쟁의 권리를 도덕적으로 제한하는 것은 더 이상 중요하지 않다. 이제는 이미 전쟁을 할 수 있는 권리나 전쟁 중에 누릴 권리를 자연법을 토대로 만들어내는 것이 중요하며, 중세에서 근대로의 이행을 의미하는 거침없고 무절제한 종교전쟁을 통제할 합법성이 중요하다. 그러므로 모든 곳에 적용되고 경우에 따라서는 모든 것을 파괴하게까지 만드는 보편적 유일신 개념이 승리해야 한다는 도덕적 요구를 하게 만드는 도덕적 정당화의 절대성을 다양하게 제한할 필요성이 생긴다. 그래서 근대로 넘어가는 이 과도기에 다음과 같은 근본적인 문제가 중요하게 된다. 전쟁이 (정의를 요구하는 인간 행동으로서) 원칙적으로 법적인 토대 구축을 목표로 더 좋게 개선되어야 하지 않겠는가? 혹은 전쟁은—전쟁이 고대와 중세에는 정의의 성격이 있었음에도 불구하고—법을 통한 이해에서 완전히 벗어나 있는 것인가?

이렇게 전쟁을 법제화하는 데 지침을 준 사상가들은 그로티우스와 스피노자 그리고 칸트였다. 여기서 그로티우스가 매우 신중한 태도로 이 문제를 논의했다는 것이 주목할 만한데, 그는 전쟁을 법제화함으로써 부도덕하게도 신을 저버리는 범행을 저질렀다는 비판을 피하기 위해 흡사 스콜라학파처럼 무수히 많은 고대나 중세 그리고 그리스도 교도의 증언들을 인용하고 있다. 그에게 중요한 것은 이미 늘 주어져 있던 도덕성의 차원—즉 일반화될 수 있는 도덕의 법칙성—을 전략적으로 사용하는 것이다. 이런 조짐은 후에 칸트의 도덕철학에서 가장 중요한 정언명령의 영역에서 재발견될 것이다. 그러나 매우 신중한 자연법 사상가인 그로티우스와 칸트 사이에 유럽 철학사의 괴짜 사상가가 한 명 있는데, 그가 바로 스피노자이다. 모든 종교 공동체와 정치계에서 쫓겨난 이 고독한 사상가는 일생 동안 모든 피상적 다양성 뒤에 있는 전일자alleein적 실체에 대한 물음에 전념했고, 플라톤의 문제 제기와 '가톨릭적' 보편성(그의 신개념)의 통합을 합리적 사상체계의 기초로 삼았다. 따라서 그는 인간의 고유한 실체인 보편적 이성은 성취되어야 한다고 인식했다.

그로티우스 - 전쟁과 자연법

전쟁에서는 법이 모두 작동하지 않는다는 주장은 진실과 너무 멀리 동떨어져 있다. 전쟁은 법을 추구했을 때만 시작될 수 있고, 일단 시작된 전쟁은 법과 신의의 기준에 따라야만 수행될 수 있다.

『전쟁과 평화의 법에 관한 세 권의 책』 서론 [25]

그러므로 무장하에서 법률은 침묵한다. 그러나 단지 교류의, 법정의 그리고 평화의 법률만 침묵하지, 영원한 그리고 모든 시대에 유효한 법률은 침묵하지 않는다. 따라서 적들 사이에서는 성문법, 즉 시민법이 유효하지 않지만 아마도 불문법, 즉 자연이 명하거나 여러 민족들끼리 합의를 토대로 규정된 법이 유효하다는 것은 크리소스토무스*Dio aus Prusa*의 탁월한 명언이다.

『전쟁과 평화의 법에 관한 세 권의 책』 서론 [26]

비오스: 학식과 정치 사이

휴고 그로티우스(1583~1645)는 많은 비판에도 불구하고 예나 지금이나 현대 국제법의 창시자로 간주된다. 그의 생애는 가톨릭 국가 스페인을 상대로 칼뱅주의 네덜란드가 벌인 소위 80년전쟁(1568~1648)에 의해 특징지어진다. 그는 개인적으로 뛰어난 재능의 소유자인데, 이미 11살(1594)에 네덜란드 레이덴 대학에서 고대 언어, 법학, 철학, 신학을 공부했고, 12살에 라틴어와 그리스어를 자유자재로 구사했다. 1598년에는 앙제에서 프랑스의 왕 앙리 4세를 알현했다. 프랑스 오를레앙 대학은 상세한 시험을 치른 후 그해에 학식이 풍부한 16세의 그로티우스에게 법학 박사학위를 수여했다. 그는 고향에서 변호사 허가를 받았고, 1607년에는 네덜란드 정부의 검사가 되었다. 1609년에 첫 번째 주요 저서인 『바다의 자유Mare librum』를 출간했고, 1613년에는 로테르담의 도시 법률고문이 되었다. 몇 년 후에 그의 경력은 갑작스럽게 중단되는데, 이 시기에 그로티우스는 세계사에 의해서 시민적 삶을 영위할 수 없게 된다. 그는 1618년에 네덜란드의 지방변호사 올덴바르네벨트와 함께 오라녜 공국의 모리츠 공작의 명령으로 체포되었다.

그의 삶이 이렇게 극적으로 전개된 배경에는 정치적 갈등 외에도 온건한 아르미니우스의 신자들Arminianern과 정통 고마루스파Gomarist 사이의 종교적 다툼도 있었다. 주로 지도층이었던 아르미니우스 신자들은 칼뱅의 엄격한 운명론을 거부했고 인간 의지의 자유를 받아들인 반면, 하층민과 군인들로 구성된 고마루스파는 엄격한 운명론을 지지했고 인간의 자유를 무조건 거부했다. 도르드레흐트 주교회의에서 벌어진 이런 노선 투쟁에서 정통 고마루스파가 이겼다. 올덴바르네벨트와 그로티우스는 이 주교회의에서 패배한 자유 아르미니우스학파 노선을 지지했다.

올덴바르네벨트가 1619년 사형을 선고 받고 처형된 반면, 주교 회의는 그로티우스를 '단지' 루퍼스떼인 성에 있는 감옥에 가두는 종신형을 선고했다. 거기서 그는 '대중적 성공'을 거둔 가장 중요한 저작인『그리스도교의 진리에 관하여De Veritate Religionis Christianae』를 저술했다. 이 책은 1622년에 처음 나왔다. 1621년 그로티우스는 책 상자에 숨어 탈옥에 성공한다. 그는 수공업자로 변장해서 벨기에 안트베르펜을 거쳐 파리로 도망갔다. 1625년 그곳에서 그는 두 번째 주요 저작인『전쟁과 평화의 법에 관한 세 권의 책De Jure Belli Ac Pacis Libre Tres』을 저술했다. 처음에 그로티우스는 프랑스 왕의 하사금으로 생계를 이어갔고, 30년대 초 네덜란드에 사면을 청원했으나 실패한 뒤 스웨덴의 외무부에 들어가 30년전쟁 때 동맹국이 되었던 프랑스와 스웨덴 사이에서 논란이 많은 역할을 수행했다. 1645년 스웨덴으로 가는 여행 중에 그로티우스는 로스톡에서(뤼벡 앞의 오스트제에서 배가 좌초할 때) 부상을 당하게 되었다. 인본주의적 법률가 그로티우스의 삶은 근대 초기의 종교적 갈등에 의해서 각인되었다고 말할 수 있는데, 이러한 종교적 갈등을 배경으로 네덜란드는 세계적 경제 국가로 발전하게 되었다.

로고스: 가톨릭주의와 칼뱅주의 사이에서

그로티우스는 중세에서 근대로 넘어가는 패러다임의 전환기에 살았다. 그는 중세 후기와 근대 초기를 연결하는 정신사적 전환기의 중심에 서서 이러한 전환을 적극적으로 추진했다. 그는 기독교 원칙에 따라 국제질서를 잡으려던(살라망카학파의 위대한 대가들을 생각하면 된다) 중세시대의 투쟁을 인간의 합목적성에 대한 근대적 확신(마키아벨리와 홉스, 즉 근대 초기 정치 이론가들을 생각해보면 된다)과 연결시켰다. 살라망카의 제국주의적 사상가들이나 근대 초기 논쟁적 사상가들과 달리 그로티우스는 특별히 미래가 보이는 사회정치적 환경에서 살았다. 즉 그는 패러다임상 모던한 근대 유럽 국가를 대표했던 16세기 네덜란드에서 살았다. 이 당시 네덜란드에는 칼뱅주의 에토스도 있었지만 계몽된 자유주의도 있었고, 호전적인 공화주의가 지배했지만 천연자원 없이도 국제적인 혁신을 이루었고, 제국주의적 경제체제를 통해 부와 자유를 누리고 있었다. 이런 배경에서 그로티우스는 17세기에 도덕(=그리스도교)과 진리에 상응하는 합리성(=계몽)을 이성적으로 매개하기 시작했다. 그는 이것을——아마도 '독창적이진 않을지라도 훨씬 많은 영향력을 가졌다——목적론적 자연법의 개념을 '합리적 이성법'으로 압축함으로써 이뤄냈다.

마키아벨리를 언급하는 것으로 충분할지 모르겠지만, 정치철학 분야에서 종교가 모든 정치 행위의 냉철한 합목적성 속으로 파고드는 것을 직접적으로 털어내었을 때, 즉 선에서 멀어져 적나라한 권력으로 전환했을 때, 중세시대에 금지되었고 정의의 감시하에 놓여 있던 전쟁이 돌연 물리적-기술적으로 가능한 모든 수단들을 투입하는 것을 당연시하는 일상적 정치행위가 되었다.(헤어프리트 뮌클러가 지난 몇 년 간의 전쟁과 정치에 관한 연구에서 다시 보여줬듯이, 이것은 몇십 년 내에 정치적 구조들을 급진적으로 변화시켰다.) 동시에 이에 대한 반동으로 도덕적인 총체적 평화주의가 부상했는데, 에라스무스가 여기에 해당

된다고 할 수 있다. 그런데 이 평화주의는 목욕물과 함께 아이까지 버리고─현실의 복잡성에 대한 모든 더 좋은 성찰에 반해─모든 형태의 전쟁을 금지함으로써 다시금 이성으로부터 벗어나버렸다. 그로티우스는 자신이 이런 상황과 직면해 있다고 보았고, 그래서 옳음과 부당함, 국가와 국민, 전쟁과 평화에 관한 고대와 중세의 지식을 수정 편집함으로써, 네덜란드의 자유를 향한 투쟁이 번개처럼 번쩍일 때 시작되었고 30년에 걸쳐 피비린내 나게 진행된 전쟁의 천둥소리 가운데 완성된 시대 변화에 맞추어 그 개념들을 설명하고 체계화하려고 시도했다.

폴레모스: 법과 절차 사이에서

그로티우스의 주요 저서(『전쟁과 평화의 법에 관한 세 권의 책』이 있는데, 여기에는 자연법과 국제법 그리고 공법의 가장 중요한 내용이 설명되어 있다)는 1625년의 유럽 전쟁에서 유래하고, 파리에서 라틴어로 집필되었다. 이 책은 3권으로 구성되어 있다. 1권은 법 개념에 대한 기초적인 논의 외에 '정당한' 전쟁이 과연 존재하는가 하는 질문을 다루고 있다. 그런 다음 공적 전쟁과 사적 전쟁을 구분한 뒤 '주권' 개념에 도달한다. 여기서 이미 그로티우스는 주권이 왕에게 귀속되는가 또는 국민에게 귀속되는가를 구별하고 있다. 마지막으로 그는 주권자에 대한 신하의 복종과 관련된 질문을 다루고 있다.(서론 33) 2권에서는 전쟁의 원인들, 무엇보다 개인의 권리와 소유권이 논의되고 있고, 또 국가권력, 계약의 권리 그리고 이 계약을 해석할 수 있는 권리에 대해 논의되고 있다. 그러나 왕위 계승의 문제나 장례에 관한 법

그리고 형벌의 본성도 언급되고 있다.(서론 34) 끝으로 3권에서 그로 티우스는 전쟁에서 허락될 수 있는 행위가 어떤 것인지에 관한 문제도 다루고 있다.

이 3권의 책에서 다루는 내용을 극단적으로 표현하면, 그로티우스의 저작은 전형적인 법적 구조를 보인다고 말할 수 있다. 우선 1권에서 전쟁을 합법적으로 벌일 수 있는 수행자(국가기관, 파당)들이 언급된다. 그리고 2권에서는 전쟁을 벌일 수 있는 대상(전쟁의 물질적 이유 내지 전쟁의 원인들, 절차의 대상)들이 언급되고, 3권에서는 어떻게 해야 자연법에 합치하는 전쟁이 되는지 논의한다. 이로써 전쟁의 합법적 절차를 구성하는 고전적 요소들이 드러나는데, 국가기관이나 파당의 지위, 물질적 분쟁 대상 및 절차 규정들이 그것이다. 그로티우스는 편지에서 이 책을 쓰게 된 개인적 의도를 다음과 같이 되풀이하여 강조하고 있다. "내가 보기에 여러 민족을 나날이 불행하게 만들고 있는 전쟁들이 자의적으로 시작되고 자의적으로 수행되고 있는 것 같다. 나는 그리스도 교도들뿐만 아니라 모든 인간의 품위를 손상시키고 있는 이런 야만성을 힘닿는 데까지 줄이고 싶다." (편지 280)

'서론'에서 이미 그로티우스는 자신의 계몽 프로그램을 언급하고 있다. 그로티우스에게 중요한 것은 전쟁을 법적으로 엄격하게 구속하는 것이고, 관습적이고 도덕적인 이유로 전쟁이 일어나는 것을 막는 것이다. 그로티우스가 정당한 전쟁의 학설에 기인해서 다음을 주장한다는 것을 부정할 수는 없다. "전쟁은 경솔하게 그리고 부당하게 시작되지 않아야 하고 정정당당하게 수행되어야 한다.

왜냐하면 법과 신의를 대수롭지 않게 여기는 상대를 만나고 싶어 하는 사람은 아무도 없기 때문이다."(서론 27) 하지만 그가 반복적으로 언급하고 있는 자연법에 대한 이런 신앙고백이 그의 주장의 논거를 눈에 띄게 약화시킬 수 있다.

그러므로 전쟁의 도덕적 권리에 관한 고전적 질문의 영역에서 그로티우스는 아직 고대의 전통과 기독교의 전통에 이어져 있지만, 그의 원래 관심은 이런 상황을 넘어서 전쟁을 벌일 수 있는 법률적 권리에 관해 질문하는 것이다. 왜냐하면 그는 진정한 인본주의를 전쟁이 수행되는 방식, 다시 말해 상대를 애정을 가지고 돌봐주는 전쟁에 있다고 보았기 때문이다.(20세기 칼 슈미트가 "애정을 가지고 돌봐주어야 하는 전쟁"이라고 한 말 참조) 이런 의미에서 그로티우스는 전쟁을 개인의 "행위Handlung"라기보다는 "상태Zustand"로 개념화하고 있다. 여기서 (개인의) 행위라는 개념에서는 도덕적 평가라는 규범적 의미가 강조되는 반면, *상태*는—이미 키케로가 생각했던 것과 비슷하게—과정으로, 규칙의 형태를 갖춘 행동 기준으로 이해될 수 있다. 이러한 기준들을—즉 *정당한 전쟁*이라 불리는 것을—상세히 설명하는 것이 그로티우스의 주요 의도이다. 이런 배경에서 이 장의 모토로 사용된 도입부의 인용문들도 이해할 수 있다. 비록 전쟁이 국가의 실정법이 아니라, '단지' 자연법만(그가 이성 법으로서 이해하는) 따르지만, 그로티우스는 전쟁을 법률행위로 보고 있다. 다시 말해 전쟁은 분쟁이 발생했을 경우 당사국들이 법적 판결을 구하는 절차로, 이는 국가 내에서 분쟁이 일어났을 때 밟게 되는 재판절차와 유사하다. 이런 식으로 평화법(민법)과 더불어 전쟁법도 있어야 하고, *시민법jus civile*과 더불어 *만민법jus gentium*도 있어야 한다. 그래서 그로티우스는 적에게 "부당한 일을 할 수 있다"는 것을 논리 정연하게 강조하고 있다.(서론 26)

그로티우스가 1권의 초반부에서 내린 정의에 따르면, 전쟁은 "공동의 민법에 구속되지 않는 인간들 간의 다툼이다."(1권 1장) 궁극적으로 모든 다툼은 전쟁으로 발전할 수 있고(따라서 그는 2권에서 *시민법*을 다루었다), 그 다음 모든 전쟁의 내재적 목적에 따라 평화에 관한 논의로 넘어가게 된다. 이미 1권 초입에서 그로티우스는 앞으로 자기가 다룰 내용을 전체적으로 예고하고 있다. 근대 초기 사상가 그로티우스는 국가 간 전쟁과 마찬가지로 사적 전쟁도 공동의 자연법적 틀에 두어야 한다고 생각했는데, 이 자연법적 틀은 근대적인 용병기업*private Military Companies*이 등장하고 나서야 비로소 유행하지 않게 되었다. '정당한 권위'라는 고전적 규정(그래서 토마스 아퀴나스적인)은 근대 사회로 넘어가는 정치적 발전의 징후 속에서 더 이상 유지될 수 없었다. 이에 따라 그로티우스는 정당한 전쟁 관점을 강조하는 것이 자신의 과제라고 생각했다. 왜냐하면 정당한 근거 없이(그래서 전쟁권*ius ad bellum* 없이), *무법한 상황hors de la loi에서 전쟁을 치르고 끝내게 된다면*, 그래서 전쟁을 제한이 없는 잔인성에 노출시킨다면, 개인과 인류 전체에게 이롭지 못하기 때문이다. 더욱이 전쟁은 그 자체로—그것의 고유한 물질적 정의(정당성) 문제에 과도한 의미를 부여하지 않은 채—분명하게 적절한 절차의 틀 안에서 통제되어야 한다.

1권 3장에서는 사적, 공적, 그리고 혼합적인 전쟁이 구분된다. 그

출발점은 자기보전과 자기방어에 대한 자연법적 근원권리Urrecht
이다. 법률가인 그로티우스는, 재판권의 제도화라는 관점에서 무
법한 상황에서는 이 권리가 무효화된다고 보고 있다. 그러나 이와
다른 경우에 자신의 법적 지위가 사인이나 공권력에 의해 실존적으
로 위협 받는다면 전쟁의 폭력을 사용할 수 있다는 것을 그는 분
명히 하고 있다.

　이미 언급했듯이 2권은 어떤 물질적 문제에서 흔히 전쟁이 일어
나고 자연법에 따라 수행될 수 있는지를 다룬다. 이 자리에서 소유
권과 인격권에 대해 법률적으로 자세히 설명할 수는 없다. 그러나
자연법적으로 허용된 분쟁 대상들만이 (정당하게 얻은) 권리 보호의
대상이 된다는 것이 중요하다. 이것들이 위협 받고 있는데 자기 권
리를 법률에 따라 관철할 수 없게 된다면 무력으로 자기 권리를 지
키는 것은 허용된다. 그로티우스에게는 이렇게 권리 침해를 당했다
는 것이 전쟁의 '정당성'을 주장하는 데 중요하다. 여기서 그는 특히
키케로와 아우구스티누스를 인용하고 있는데, 그들의 '정당성'에 관
한 주장은 권리 침해의 기준으로 압축된다.(2권 1장 1절, 3쪽 이하 단락) 그는
이것을 다음과 같이 말하고 있다. "사법적 고소의 원인들이 많듯이,
전쟁의 원인들도 또한 그만큼 많다. 왜냐하면 사법 기구들이 작동
을 안 하는 그곳에서 전쟁이 시작되기 때문이다."(2권 1장 2절 1단락)

　이어지는 단락에서 그로티우스는 원칙적으로 전쟁을 할 수 있는
세 가지 법적 근거를 드는데, 방어와 빼앗긴 것의 회복 그리고 응징
이 그것이다. 이어지는 2권의 내용은 전체 자연법의 토대를 설명하
면서 이 세 가지 원인들을 상세히 설명하는 것이다. 특히 2개의 주

요 장을 언급하고 싶은데, 그것은 바로 전쟁의 부당하고 의심스러운 원인들을 다루는 23장과 24장이다. 예를 들어 여기서 언급하고 싶은 것은, 그로티우스는 권리 요구들이 철저하게 관철되는 것을 보려고 하지만, 적이라는 이름으로 행해지는 모든 야만과 광기 그리고 분노를 철저하게 거부하고 있다는 것이다. 궁극적으로 전쟁에서 중요한 것은 '전투'이지 '학살'이 아니라고 요약할 수 있을 것이다. 그로티우스는 예방 전쟁도 거부한다. 이웃 나라에 대한 공포심만으로는 그 이웃과 싸울 어떤 권리도 생기지 않기 때문이다. 여기에다 머지않은 시간에 구체적인 방법으로 공격하겠다는 이웃 나라의 도덕적으로 중요한 의도가 추가되어야 한다.(2권 22장 5절) 그 다음 24장에서 그로티우스는 정당한 근거를 가지고 있다고 해서 무조건 전쟁을 일으켜서는 안 되는 이유에 대해서 말하고 있다.

그로티우스는 3권에서부터 전쟁에서 누릴 수 있는 권리에 대해서 논하는데, 여기서 그의 혁신적 사유가 드러난다. 우선 1장에서 그는 전쟁의 일반적인 자연법적 규칙에 대해서 말한다. 자연법상으로 전쟁은 목적 달성을 위해 요구되는 모든 것을 허락한다—나는 필요한 경우 공격자가 동원한 모든 수단이 나를 죽이지 못하도록 할 수 있다. 여기서 재미있는 것은, 그로티우스는 자기 방어를 위해 상대를 죽일 수 있는 권리를 '위법적' 공격에 제한하지 않고(정당방위의 의미에서), 상대를 죽일 수 있는 권리를 자기 생명을 지킬 수 있는 고유한 권리에서 유추하고—비록 공격자 스스로가 부당하게 행동하지 않더라도!—있다는 것이다. 더욱이 그로티우스는 군사적 대립 시 정당한 권리 상황의 변화는 상황 그 자체에 달려 있는 것으로 간주한다. 1장 4단락에서 그로티우스는 비전투원들 및 방계 피해 Kollateralschaden의 문제를 논하고 있다. 4단락은 다음의 경구와 함께 시작된다. "이 절차에 관한 한, […] 폭력과 공포는 전쟁의 본성에 속한다. 그러나 사기를 쳐도 되는지는 의문이다."

　이어서 그로티우스는 전쟁에서 사기와 술수에 관한 문제를 매우 상세하게 논의한다. 그는 계속해서 "전쟁 상대인 적"의 법적 지위, 즉 적의 형식적 인정에 관한 질문을 다루고, 이와 함께 상대의 "결투에 의한 명예 회복 능력"도 논의한다. 이 문제에서 논의의 토대는, 법률상 헌법에 기초한 공동체인 국가는 "적이 될 능력이 있는 것"으로 간주될 수 있다는 것이다. 여기서 그로티우스는 키케로와 아우구스티누스 사이에 의견 충돌이 있다고 본다. 키케로가 제대로 된 기능과 정의의 기본원칙에 상응하는 제도 및 조직 또는 기관을 갖추지 못한 공동체는 "국가"라고 말할 수 없다고 본 반면, 아우구스티누스는 심하게 병든 신체라도—설사 그것이 아주 부족함을 보여준다 하더라도—신체로 존재한다고 말한다. 마지막으로 여기서 "실패한 국가"에 대한 고전적 논의가 다루어진다. 계속해서 그로티우스는 4장에서 전쟁에서 살인의 문제를 논의하면서 이것은 본질적으로 "전쟁의 권리"에 속하고, 따라서—만약 살인이 전쟁의 적법한 토대 내에서 일어난다면—정당한 것으로 간주해야 한다고 결론 내리고 있다. 하지만 (이와는 달리) 전장의 적들 그 자체에 가하는 보복은 이것과 구별되어야 하고, 마찬가지로 여성에 대한 폭력도 "전투" 행위로 간주될 수 없다. 대신 이것은 순수한 잔인성이고 야생의 야만성이다. 이것은 결코 전쟁의 권리로 보호되어서는 안 된다. 이런 의미에서 그로티우스는 다음과 같은 매우 시사적 문제를 논의하고 있다. 전투에서 적법하게 사용될 수 있는 무기는 어떤 것인가?

비록 그로티우스의 이러한 '절차적' 숙고들 가운데 많은 것들이 냉소주의에 가깝지만, 우리는 이 영역에서 폭력의 행사가 '허용되는' 차원과 그리고 '허용되지 않는' 차원들을 넘어 살인에 이르기까지 성찰하는 것을 감수해야 할 것이다. 모든 형태의 폭력에 대해 무차별적으로 비난하는 것은 비난 받는 자가 아무런 저항 없이 승리하는 결과를 낳는다. 이런 문구들을 읽을 때—이 사상가와 그의 관심사항을 올바르게 판단할 수 있기 위해서는—항상 이런 상황을 의식하고 있어야 한다. 따라서 이어지는 장(11–16장)은 인본주의적 국제전쟁법의 단초가 되었다고 할 수 있을 것 같은 내용을 다룬다. 중립국(비교전국)들과 사적인 개인들에 관해 두 개의 짧은 장을 통해 서술한 후 그로티우스는 19장에서 다음과 같은 주요 테마에 대해 언급하고 있다. "적에 대한 우리의 성실성과 신뢰의 의무에 대하여" 전투 중에 적을 기만하는 것이 허용될 수 있을지 모르지만,—이에 관해서 그로티우스는 키케로와 아우구스티누스와 매우 많은 점에서 같은 평가를 내린다—적에게 한 서약과 말을 지키는 것은 약간 다르다. 아우구스티누스는 적 또한 인간이기에 적에게 한 약속은 반드시 지켜져야 한다고 말한다. 신의는 왕보다 더 오래되고, "문명화된" 인간들이 서로 교류하기 위한 토대가 되기 때문이다.

그 후 3권의 마지막 장(20–24장)에서는 평화조약을 다룬다. 이 조약은—전쟁이 정당할 경우 각자에게 실제로 정당한 자기 몫이 돌아간다는 의미에서—'법절차'인 전쟁을 종식시킨다. 다음의 내용은 평화조약 구성을 위한 지침으로 간주될 수 있다. "왜냐하면 전쟁으로 이끈 동기가 모두 협정을 통해서 해소된다는 것은 유익한 것이기 때문이다. 할리카르나소스의 디오니소스는 현재의 적대관계를 끝내는 것뿐만 아니라 새로운 전쟁에 엮이지 않는 것도 염두에 두어야 한다고 말한다. 우리가 하나의 합의에 도달한 것은 해악을 연기하기 위해서가 아니라, 그것을 제거하기 위함이기 때문이다."(3권 20장 19단락) 3권은 25장("결말, 신의와 평화에 관한 경고와 함께")으로 끝나는데, 여기서 그로티우스는 자신은 토대만 놓았을 따름이고 다른 사람들이 더 좋은 책을 쓰기 바란다고 다시 한 번 말하고 있다. 전쟁이 주는 공포가 영원한 상황에서 그의 말은 매우 겸손한 요청이다.

스피노자 - 전쟁과 이성권

그래서 공동체는 스스로를 돌볼 수 있고 다른 공동체의 억압으로부터 자신을 지킬 수 있는 한에서 자기 권리를 누린다. 하지만 어떤 공동체가 다른 공동체의 권력을 두려워하거나 다른 공동체에 의해 자기 의도를 수행하는 데 방해 받거나 궁극적으로 자신의 유지 또는 성장을 다른 공동체의 도움에 의존하는 한 다른 공동체의 권리에 복종하게 된다.

『정치론』, III, 12절

그러니까 어떤 공동체가 다른 공동체를 자기 권리에 예속시키기 위해 선전포고라는 가장 극단적인 수단을 행사하려고 할 경우, 이 공동체가 전쟁의 의지가 있다는 것만으로도 정당하게 전쟁을 할 수 있게 만들고 전쟁을 수행하게 한다. [⋯] 따라서 전쟁수행권은 각각의 모든 고립된 공동체의 권리에 속한다[⋯].

『정치론』 III. 13절

비오스: 보편성과 고독 사이

스피노자(1632~1677)는 유럽 계몽철학에서 빛나는 인물이다. 헤겔은 철학 연구를 시작하고 싶은 모든 사람에게 이성의 급진성을 위해 머리를 자유롭게 하기 위해서는 스피노자의 사고를 가지고 철학을 하라고 이야기했다. 스피노자의 짧고 매우 고독한 삶은, 1568~1648년까지 이어졌으며 베스트팔렌 조약으로 종식된 80년 전쟁의 끝자락을 배경으로 하고 있다. 이 평화조약을 통해 위트레흐트 동맹(1579)에서 성장한 네덜란드연합신교 공화국(오늘날의 네덜란드)은 스페인의 지배를 받던 스페인령 가톨릭 네덜란드(오늘날의 벨기에)와 분리되면서 새로운 유럽 국가로 탄생하게 된다. 스피노자의 말년은 유럽의 모든 국가가 참전한 네덜란드-프랑스 전쟁에 의해 각인된다(1672~1679). 그래서 스피노자는 짧은 생애의 반 이상을 국제 전쟁을 치르며 살게 된다. 그 시기에는 스페인이 몰락하고 프랑스가 뚜렷이 성장했을 뿐만 아니라 유럽 최초의 공화주의 국가가 성공적으로 나타나기도 한다. 유태인 공동체는 물론이고 네덜란드의 칼뱅주의 사회에서도 개인적으로 철저하게 고립되었다는 배경에서 그의 철학이 시작되었다는 것은 스피노자의 철학을 이해하기 위해서 중요하다.

"일상적인 삶에서 익숙하게 일어나는 모든 것이 공허하고 가치가 없다는 사실을 경험을 통해서 배우게 된 후, 나는 내게 공포감을 갖게 했고 내가 두려워했던 모든 것들이 그 자체 내에 좋고 나쁨을 내포하고 있는 것이 아니라, 감정Gemüt의 운동 속에서만 좋고 나쁨이 있다고 보았다. 이 때문에 나는 소유할 수 있고, 다른 모든 것을 거부하면서 유일하게 감성을 채우는 참된 좋음이 있을 수 있는지를 연구하기로 결심했다. 그렇다, 나는 그것을 찾아 획득하면 내게 최상의 지속적인 기쁨을 영원히 선사할 수 있을 것 같은 것이 있는지 연구하기로 결심했다."(『지성 개선론Tract, Intellectus Emandatione』 7)

일반적 견해와 달리 스피노자는 완전히 탈정치적 인간이 아니었다. 오히려 그 반대이다. 그의 가장 중요한 저서 두 권은 『신학정치론Tractatus Theologico-Politicus』과 『정치론Tractatus Politicus』인데, 이 책들은 스피노자의 정치의식이 매우 높았음을 증명하고 있다. 네덜란드의 사회적 긴장관계에서 보자면, 스피노자는 자유주의적이고 진보적인 얀 드 비트 편으로서 칼뱅주의적이고 반동적인 오라녜의 격렬한 반대자였다. 스피노자가 네덜란드의 정치적 자유주의에 참여한 것은 그의 정치철학에 지속적인 영향을 미친다. 그의 성향상 『신학정치론』은 오히려 플라톤의 『국가』의 의미에서 이해될 수 있다. 즉 이 책은 공적 이성 사용에 기초하는 자유민주주의적 공동체를 이상적이면서도 현실적으로 구상하고 있다. 비트 하에서 네덜란드 '황금기'는(스피노자에 따르면 이 시대가 성공한 것은 고도로 "이성적"인 시대

였기 때문이다) 파국의 해인 1672년(진보 성향의 비트 형제의 암살, 자유주의의
네덜란드에 대항하는 프랑스와 영국 그리고 독일의 라인 강 주변 도시들의 전쟁 선
포)의 충격 속에서 갑작스럽게 막을 내렸다. 이러한 충격적 사건들
을 경험하면서 후기 『정치론』(여기서는 오히려 플라톤의 『법률』을 따르고 있
음)에 가면 '좀 더 현실적인' 정치관이 나타난다. 이때부터 감정을 보
편적이고 공적으로 사용한다는 조건에서 이성과 자유의 사용 가
능성을 현실적–실용적 그리고 제도적으로 보장하는 것이 중요하
게 된다. 스피노자는 마키아벨리와 홉스의 사상을 출발점으로 삼
았다. 1676년 스피노자는 라이프니츠의 방문을 받았고(여기서 그 유
명한 '실체 논쟁'이 있었다), 1677년 초 스피노자는 만성 폐결핵으로 사
망했다. 이후 그의 저작들은 금서가 되었거나 전혀 출판이 되지 못
했다.

로고스: 감정(욕망)과 윤리 사이

스피노자의 개인적 '학문 프로그램'에 초점을 맞추어 그를 논하기
위한 출발점은, 그가 인간들을 행위하게 만드는 모든 원인을 파우
스트처럼 밝히려 했다는 것이다. "인생의 대부분을 투자하고, 인간
들의 행위가 보여주는 것처럼 인간들 사이에서 최고선으로 평가되
는 것이 세 가지가 있는데, 그것은 바로 부와 명예 그리고 향락 욕
구이다."(『지성 개선론』 7) 스피노자는 이렇게 합리주의의 관점에서 인간
행위 동기의 심층에 자리 잡고 있는 감정(욕망)에 대해 말하고 있다.
그것은 바로 부로부터 탐욕이 생기고, 명예로부터 공명심이 생기
고, 마지막으로 향락욕으로 인해 불만이 생긴다는 것이다.

스피노자는 이것을 도덕적으로 비판하지 않고, 자신이 이해한 인간의 (이성적) 본성에 따라 인식하려고 시도한다. 스피노자에 의하면 자신의 본성에 따르는 인간은 악마도 천사도 아닌 자연의 일부이며 자연의 법칙성을 따른다. 그래서 스피노자는 인간이 감정에 의해 움직인다는 특성이 인간의 자유의지를 완전히 부정하거나 부자유를 초래하지 않는다는 것을 알고 있었다. 이와는 정반대로 스피노자에게 있어서 자유는 자연에 통합되어 있는 구성 부분인 인간 (강조적 의미에서)이 따라야 할 포괄적 필연성에 대항하는 반란으로 파악될 수 있다. 방법론적으로 이런 '해방'은 자기인식에서, 즉 인간이 전일자인 자연의 구성요소라는 '본성'을 인식하는 것에서 일어난다. 감정이 가면을 벗고 자기인식을 할 수 있는 것은 자연이라는 이 총체적 실체 덕분이다. 따라서 라이프치히의 철학사학자 헬무트 자이델(1994)이 러시아의 스피노자 연구(에월드 바실레비치 일렌코프)에 기대어 스피노자에 대한 소개에서 제안한 해석에 따르면, 스피노자에 의해 우리는 "잘못된" 의식을 비판할 수 있게 되고 감정의 예속성이나 감정과 연관된 부적합한 관념들을 급진적 이성성을 통해서 극복할 수 있게 된다.

스피노자가 형이상학에서 브루노와 데카르트에서 시작하여 이들을 동시에 넘어섰듯이 그의 정치철학도 그러했다. 스피노자는 마키아벨리와 홉스에서 출발하지만 동시에 이들을 뛰어넘는다. 국가는 감정에 의해 움직이며, 자연의 참된 법칙과 자기의 자유를 인식할 수 없는 개인들의 파괴적 대립성에 근거하고 있다. 그러나 (이데올로기적으로 일방적인) 홉스와는 달리, 스피노자의 국가에서는 단순히 개인의 자기보존을 보장해주는 것으로서 평화 보장만이 중요한 것이 아니라, 인간의 이성성을 성공적으로 펼치는 삶이라는 관점에서 자유의 보장(이를 위해 꼭 필요한 것은 국가라는 존재양식이 신-실체의 '진리' 속에 있어야 한다는 것)도 중요하다. 즉 누구나 의지에 따라 생각해야 하고, 누구나 자기 생각을 자유롭게 말할 수 있어야 한다. 이 것은 새로운 생각이며, 칸트가 자신의 공화주의의 토대로 삼았던 시민적 자유의 핵심이다.

이런 의미에서 국가권력을 제한하기 위해 스피노자는 상호 통제의 체계를 지지한다. 홉스와 달리 자연권은 주권자에게 영구적으로 위임되는 것이 아니라(만약 자연법에 따라 자기보존의 필요성이 제기될 경우),—국가에게—돌려주도록 요구할 수 있다. 개인과 마찬가지로 시민의 총체인 국가도 국제적 의무들이 유용할 때만 이 의무를 준수해야 한다. 왜냐하면 자기보존은 오류에 빠지지 않으려면 위반하지 말아야 하는 자연의 진정한 법칙이기 때문이다.

따라서 인간이 더 큰 이득을 얻든지 피해를 최소화할 수 있을 것이라고 예상될 경우 국가라는 큰 단체를 만드는 것은 인간의 어쩔 수 없는 본성에 해당된다. 권력을 배가함으로써 국민의 안정성을 높이는 것은 국가의 핵심 특성이다. 스피노자가 다음과 같이 짧게 요약한 인간의 꾸미지 않은 본질에 대한 "기하학적으로 설명한 윤리학"의 통찰은 이 문제에서 중요하다.(『정치론』, I, 5절) "그러나 그것은 확실하고, 우리는 그것의 진리성을 '윤리학'에서 입증했다. 즉 인간이 감정의 지배를 받는 것은 불가피하다. 인간 심리는 자신이 당한 불행에 대해 한탄하고, 타인의 행복을 시샘하며, 동정심보다는 복수하려는 경향이 강하고, 그 밖에 다른 사람들이 자기성향에 따라 살아가도록, 즉 다른 이들이 자신이 동의한 것에 동의하고, 자신이 반대한 것에 반대하게 만들도록 되어 있다. 그래서 모두 똑같이 제일 앞에 서려고 하기 때문에, 인간은 서로 갈등하고, 할 수 있는 한 서로 억압하려 든다. 이런 과정에서 승자가 된 사람은 자신의 발전보다는 다른 사람들에게 해를 끼친 것을 더욱 뽐낸다."

여기서 피히테 국가론의 기본 강령집이라 볼 수 있는 아래와 같은 인용문이 명확하게 언급하고 있듯이,("정치론』 I. 6절) 국가가 제도적으로 매우 까다롭게 구성되어야 하는 필요성이 대두된다. "국가의 번영이 그 어떤 인간의 정직성에 의존하고, 국가사업이 그것을 맡은 사람들이 성실하게 행위할 준비가 될 때만 올바르게 처리될 수 있는 국가는 결코 안정적이지 않다. 국가가 계속해서 존속될 수 있기 위해서는, 국가사업은 그 업무를 담당하는 사람들이 이성적이든 감성적이든 간에 결코 부정을 저지를 수 없도록 또는 나쁘게 행동할 수 없도록 잘 정돈되어 있어야 한다. 사람들이 공무를 잘 수행하기만 한다면, 공무를 잘 처리하게 만들기 위해서 사람들에게 어떤 마음가짐이 필요한지는 국가의 안정을 위하여 중요하지 않다. 왜냐하면 정신적 태도의 자유는, 다시 말해 성실한 인품은 사적 미덕이기 때문이다. 반대로 국가의 미덕은 안정이다." 이로써 스피노자는 자유와 안정이 어떤 식으로 상호 관계를 맺는지를 명확히 하고 있다. 이것은 모든 정치철학의 근원적 질문에 해당한다.

그러나 인간이 고유한 권리를 어느 정도 가지고 있어야만 주권을 가지거나 자립적인 인간으로 간주될 수 있을까? 스피노자(『정치론』

Ⅱ. 9절 이하)는 이에 대해 다음과 같은 중요한 말을 한다. "그 밖에 여기서 다음과 같은 결과가 도출된다. 모든 사람은 자신이 다른 사람의 폭력 하에 놓이는 한, 다른 사람의 권리 하에 놓이게 된다. 하지만 그가 모든 폭력을 거부하고 자신이 받은 손해를 자기 판단에 따라 보복할 수 있는 한, 그리고 그가 자신의 고유한 성향에 따라 살 수 있는 한, 자신의 고유한 권리를 누리게 된다. 타인을 포박하고, 그에게서 방어하거나 도망갈 수 있는 무기나 수단들을 빼앗고, 그를 겁박해 그 스스로 자신에게 복종하게 만드는, 다시 말해 그의 고유의 관점보다 자신의 관점에서 살도록 만드는 사람은 다른 사람을 자신의 폭력 하에 두는 게 된다." 이로써 국제관계에서 이성적 자기주장의 철학으로 이해되는 전쟁철학을 위한 길이 열리게 된다.

폴레모스: 이성과 권리 사이

그로티우스와는 달리 스피노자에게는 전쟁사상이 자기 철학의 핵심이 아니다. 하지만 그는 자신의 혁명적인 전쟁사상을 『정치론』 3장에서 "국가의 권리에 대하여"라는 제목으로 설명하고 있다. 전쟁에 관한 스피노자의 사상을 언급하기 전에, 이에 대한 스피노자의 핵심 주장을 다시 한 번 살펴보자. 그것은 고유한 권리에 관한 주장인데,(『정치론』, Ⅱ. 11절) 그에 따르면 사람은 "최대한" 이성에 따라 행동할 경우에만 자신의 고유한 권리를 행사하며 살 수 있다. 이것은 국가 공동체에도 유사하게 적용된다. 거기에 더해서 스피노자는 "이성에 기초하고 이성을 통해 지배되는 공동체는 최고의 권력과 자신의 고유한 권리를 누리게 된다. 가능한 여유 있게 자기 자신을 유지하기 위해 가장 좋은 삶의 방식은 이성의 규정에 기반한 삶의 방식이다. 따라서 만약 인간이나 공동체가 자기 권리를 최고로 누리게 되면, 그것이 그 인간이나 공동체에게는 가장 좋은 것이다."(『정치론』, V. 1절) 이 부분은 스피노자의 전쟁 개념에 대한 이해를 위해서 매우 중요하다.

스피노자는 기타 국가철학에서와 마찬가지로, 이 문제에 있어서 경험주의자인 홉스와 정반대 입장을 보인다. 비록 『정치론』에서 안정성을 자신의 정치철학의 중심에 두고 『신학정치론』에서처럼 자유를 더 이상 중심에 놓지 않고 있지만 말이다. 그러나 이 두 현상이 이성 개념의 구성요소이기에 이 둘은 상호 환원될 수 있다. 정치철학 분야에서 스피노자의 고유한 매력은 여기에 있다. 스피노자가 평화는 "전쟁의 부재가 아닌, 강자의 성격에서 나오는 미덕"(『정치론』, V. 4절)이라고 언급할 때 그의 성찰은 이런 의미로 이해될 수 있다.

그러나 평화를 본질적으로 전쟁의 부재로 이해한 홉스에 대한 비판은 이것이 다가 아니다. 스피노자는 계속해서 다음과 같이 이야기한다. "우리가, 인간들이 인생을 조화 속에서 보내게 되는 그런 국가가 최고의 국가라고 말한다면, 나는 인간의 삶을 혈액 순환이나 모든 생명체에게 공통적인 다른 생리학적 기능들을 통해서뿐만 아니라 무엇보다 정신의 미덕이며 (인간의) 참된 삶을 만들어내는 이성을 통해서 정의되는 어떤 것으로서 이해한다."(『정치론』, V. 5절) 마찬가지로 "모든 권력을 한 명에게 집중시키는 것은 노예제에 부합하는 것이지 평화에 도움이 되지 않는다. 이미 말했듯이 평화의 본질은 전쟁의 부재상태가 아니라, 정신 태도의 통일이나 조화상태이기 때문이다."(『정치론』, VI. 4절) 이로써 명확해지는 것은 스피노자가 실존적 평화 개념과 삶 개념을 가지고 있었다는 것이다. 하지만 스피노자의 평화 개념은 이 수준을 훨씬 넘어서 세속적인 계몽주의 방식으로 순수 (사회적이든 또는 생리학적이든) 기능관계들까지 고려하고 있다. 중요한 것은 외면적 형태가 아니라 실체인데, 스피노자에 있어서 실체란 이성이다.

전쟁에 대한 성찰을 마무리하면서 스피노자는 반복해서 자기 성찰의 근본 원칙들에 대해서 언급하고 있는데, 그것은 바로 이성성이 요구하는 것을 토대로 한다는 것이다. "그러나 내가 앞으로 연구의 핵심원칙에서 자주 벗어나지 않으면서 이런 종류의 비판들을 확실히 거부하기 위해서 나는 사람들이 이것을 어떻게 생각하든 상관없이 이 모든 것을 인간 본성의 필수요소에서 입증했다는 것을 상기시킬 것이다. 즉 나는 이 모든 것을 모든 인간의 일반적 자기보존 노력에서, 어리석건 현명하건 간에 모든 인간에게 내재된 노력에서 입증했다. 따라서 앞으로 입증할 것은 인간의 행위 동기가 감정인가 아니면 이성인가 하는 것이지만, 이미 말한 바와 마찬가지로 그 증명은 보편적인 효력을 지닌다."(『정치론』, III. 18절)

스피노자의 자연상태에 대한 분석은 이렇게 전쟁은 이성에 의해 수행된다는 성찰의 출발점이 된다. 한 국가의 주권은 자연의 권리와 다르지 않기 때문에, 두 개의 국가는 자연상태의 두 사람과 동일한 관계이다. 유일한 본질적 차이는 인간은 자연상태에서 지속적으로 자유롭고 자신의 고유한 권리를 누리며 존재할 수 없지만,

국가는 그렇다는 것이다. "주권은 자연권이기에, 두 개의 국가는 자연상태의 두 사람과 동일한 관계이지만, 공동체는 다른 공동체가 자신을 억압하는 것을 스스로 막을 수 있지만, 자연상태에 있는 인간은 이것을 할 수 없다. 인간은 매일 잠이 필요하고, 종종 병에 걸리거나 걱정을 하고, 나중에는 노화를 견뎌내야 하고 그 밖에도 다른 고생을 하게 되지만 공동체는 그런 고생을 하지 않아도 된다."("정치론』, III, 11절)

따라서 스피노자의 중요한 발상은 공동체(이성에 의해 규정되는 자신의 개별성을 통해 공동체의 실체가 되는 개인에게도 마찬가지로)에게 자신만의 고유한 권리를 누릴 것을, 다시 말해 스스로를 보살피고 다른 공동체의 억압을 스스로 막도록 요구한 것이다. 이것이 행해지지 않으면 공동체는 주권을 상실하게 된다. 그렇게 되면 그 공동체는 더 이상 자신의 고유한 권리를 누리지 못한다. 또한 공동체의 시민들에게 법적 지위를 더 이상 부여할 수 없게 되고, 이로 인해 국가로서의 존재 근거를 상실하게 된다. "공동체는 스스로 자신을 보살필 수 있고 다른 공동체의 억압을 스스로 막을 수 있는 한에서만 자신의 고유한 권리를 누리게 된다. 공동체가 다른 공동체의 권력을 두려워하거나 다른 공동체에 의해서 자신의 고유한 의도를 수행하는 것이 방해되는 한, 그리고 자신의 독립성이나 자신의 독자적 성장을 다른 공동체의 도움에 의존하는 한 다른 나라의 권리에 종속된다."("정치론』, III, 12절)

스피노자는 플라톤 철학에서 전형적으로 드러나는 인간과 공동체의 유사성을 계속 자세히 설명한다. 두 개의 공동체는 자연상태에서 두 명의 사람처럼 서로 적대관계에 있다. "만약 두 개의 공동체가 처음부터 적대관계라고 생각하면, 이것은 더 명확하게 이해될 수 있다. 즉 자연상태에 있는 인간들은 적대관계에 있다. 공동체의 경계 밖에서 자연의 권리를 따르는 사람들은 적대관계에 있게 된다. 만약 이에 따라 어떤 공동체가 다른 공동체에게 전쟁을 선포한다면, 다시 말해 다른 공동체를 자신의 권리 아래 두기 위해 극단적 수단을 사용하려 든다면, 이 공동체가 전쟁을 하는 것이 용인된다. 한 공동체가 전쟁 수행의 의지가 있다는 것만으로도 그 공동체는 전쟁을 수행할 수 있게 되는 것이다. 그러나 평화의 문제에서 그 공동체는 다른 공동체가 동의하려는 의지 없이는 어떤 결정들도 내릴 수 없다. 따라서 전쟁을 수행할 권리는 각각의 모든 고립된 공동체의 권리에 속하지만, 평화조약을 체결하는 권리는 한 공동체의 권리일 뿐만 아니라 적어도 두 개 공동체의 권리에 귀속된다. 이 때문에 이 공동체들은 '연합군'이라 불린다."(『정치론』, III, 13절)

이런 맥락에서 스피노자가 완전하게 해결한 것은 전쟁의 정당성에 관한 모든 문제들이었다. 그에게 중요한 것은 플라톤이나 키케로 또는 아우구스티누스와 같은 고대 학설의 의미에서 정의를 주제로 다루는 것이 아니었다. 스피노자는 또 휴고 그로티우스의 자연법적 가치질서와 친숙해질 수도 없었다. 또한 스피노자에게 '전쟁을 할 권리'나 '전쟁 중의 권리'에 관한 문제는 이성적 자기 보존의 관점에서 필연적으로 자유로울 수밖에 없는 개별 공동체가 규범적으로 살아가면서 마음대로 택할 수 있는 선택사항이었다. 스피노자에게 와서 *정당한* 전쟁에 대한 고전적 학설은 마침내 막을 내리고 만다. *합법적* 전쟁이라는 개념조차 스피노자에게 더 이상 핵심적 선택사항은 아니다. 자신의 고유한 권리를 누리며 이성적-자유주의적-민주주의적으로 자기를 보존하는 공동체의 생존이 그에게 더 중요하다. 이 논리 정연한 사고의 엄격성을 스피노자는 비록 무조건적으로 '호감이 가게끔' 만들지 않았지만, 매우 '현대적'으로 만들고 있다.

그러므로 스피노자에게 전쟁이 어떻게 끝나느냐는 물음은 중요한 의미를 지닌다. 그러나 이성적 전쟁에서는 그 다음에 항상 이루어지는 평화의 합의만이 중요하다. 전쟁은 분명 그 뒤에 따를 평화만큼만 '선'하다. 여기서 잊지 말아야 할 것은 스피노자에게 정치 영역에서 '이성성'이 무엇을 의미하는가 하는 것이다. 그것은 자기주장 권리를 무한히 관철하는 것이다. 그래서 스피노자는 앞으로 이루어질 국제관계의 진실을 명확히 언급하고 있다. 즉 국제관계를 지배하는 것은 신뢰가 아니며, 신의는 그것이 이성성을 요구한다면 국제관계의 범주에 들어가지 않는다. 그러므로 스피노자는 휴고 그로티우스의 '낙관주의'와 분명히 선을 긋고 있는데, 그로티우스는 국제관계는 신의와 신뢰 없이는 완전하게 형성될 수 없다는 사실에 아직 기반을 두고 있었기 때문이다.

스피노자가 지속 가능한 평화를 만들 조건들에 관해서 사고하지 않았을 것이라고 주장할 수는 없다. 자연상태에 있는 모든 사람들을 사회화시키거나 이들을 공동체로 만듦으로써 자연상태를 벗어나고 싶었던 인간의 영역과 유사하게, 국제관계에서도 양에서 질로의 변화가 일어난다. 즉 이성적 평화연합의 안정성을 위해 얼마나 많은 공동체가 이 평화연합에 참여하는가가 본질적으로 중요하게 된다. "평화조약을 함께 체결하는 공동체가 많으면 많을수록, 개별 공동체는 다른 공동체들을 그만큼 덜 두려워하게 된다. 다르게 표현하면, 한 공동체가 다른 공동체들과 전쟁을 할 수 있는 힘이 그만큼 줄어들게 된다. 그 대신 그만큼 더 평화조약을 준수하려 한다. 다시 말하면, 공동체가 자신의 고유한 권리를 덜 누리게 되고, 그러기 때문에 연합체의 공동의지를 그만큼 더 따르게 된다."(『정치론』, Ⅲ, 16절)

전쟁의 정당성 및 전쟁 중의 정의를 위해 현재까지 많은 노력이 있었다는 점을 고려할 때, 스피노자의 이런 입장은 아주 환멸스러울지도 모른다. 오로지 이성의 원칙에서만 전쟁 개념을 엄격하게 연역해 냈다는 점에서 그의 이론은 많은 이론들 중 단지 하나의 이론으로만 볼 수는 없다. 미래의 슬픈 현실이 그의 합리주의적 이성이론에 아주 가까이 접근하고 있다는 것을 우리는 장차 보게 될 것이다.

칸트 – 전쟁과 국제법

자연상태의 국가에는 전쟁의 권리가 승인된다. 즉 이를 통해 어떤 국가가 다른 국가에 의해 손해를 입었다고 생각할 때, 폭력을 통해 이 다른 국가를 상대로 자신의 권리를 추구한다. 왜냐하면 자연상태에서는 재판을 통해 자신의 권리를 찾을 수 없기 때문이다.

『도덕 형이상학』 56절

그러나 자연상태에서와 같이 개별 국가가 자신의 고유한 사건에서 재판관이 되는 국제법의 개념들에 따르자면 부당한 적이란 무엇인가? 부당한 적이란 만약 그가 공개적으로 (말로 하든 실행을 하든) 표명한 의지가 보편규칙이 된다면, 민족들 간의 평화상태를 가능하게 만드는 것이 아니라 자연상태를 영구화 시킬 그런 원칙을 주장할 사람이다.

『도덕 형이상학』 60절

비오스: 평온과 질서 사이

임마누엘 칸트(1724~1804)는 근대에 철학의 전환점을 이룬 가장 중요한 사상가이다. 프로이센의 쾨니히스베르크에서 태어난 그는 일생 동안 고향을 떠나지 않았고, 잘 알려져 있다시피 그곳에서 철저하게 규칙적인 삶을 살았다. 정치적으로 그의 생애 첫 번째 시기는 프리드리히 대왕의 계몽성이 지배하던 시기였다. 1786년 프리드리히 대왕의 조카인 프리드리히 빌헬름 2세가 권력을 잡으면서 (자유를 제한하는) 고전적 내각 정치로 회귀하게 되는데, 이것은 프로이센에서 프리드리히 대왕이 이룬 계몽주의적 성과들을 잠시 다시 후퇴시켰다.

칸트의 생애 전반부는 7년전쟁(1756~1763)의 흔적이 남아 있던 시기였고, 후반부는 프랑스 혁명(1789)과 이로 인해 그가 죽을 때까지 이어진 전쟁의 시기였다. 특히 동쪽에서 러시아와 군사적 분쟁이 일어남으로 인해 프로이센은 서쪽에서 일어난 프랑스 혁명을 외면하게 된다. 즉 프로이센과 러시아 사이에 전쟁이 일어났고, 폴란드의 분할에 합의했다. 이로 인해 영토상으로는 확장되고, 동질적이

긴 했지만 민족적으로는 통일되지 않은 프로이센이 탄생한다. 다른 한편으로 프리드리히 빌헬름 2세는 (1793년 마인츠에서 승리를 거두었음에도 불구하고) 프랑스 전선을 방치했고 1795년 4월 5일에 프랑스와 중립평화조약을 체결한다.

뵐너의 종교 칙령이 끝난 지 2년이 되는 이 해에 칸트는 『영구 평화론Zum ewigen Frieden』을 쓰고, 이보다 2년 뒤―『도덕 형이상학 Metaphysik der Sitten』(1797)의 틀 안에서―전쟁법과 국제법에 대한 이론이 나왔다. 이 해에 프리드리히 빌헬름 2세는 사망했다. 그의 아들 프리드리히 빌헬름 3세는 망설이기는 했지만 프랑스에 대한 중립 정책을 지속해 나가게 되는데, 이것이 신성로마제국의 몰락에 간접적으로 기여하게 된다. 물론 칸트는 당연히 이것을 겪지 않았다. 칸트는 아우스터리츠와 예나에서 전투가 있기 2년 전인 1804년에 죽었다.

로고스: 비판과 범주성

칸트의 철학적 관심사는 프랑스 합리주의와 영국 경험주의를 화해시키고, 각각의 편향성을 극복하는 데 있었다. 이와 함께 그는 『파르메니데스』와 『소피스트』에서 보듯 후기 플라톤이 추구했던 기능을 인지했는데, 그것은 (정적) 관념론과 (정적) 실재론이라는 두 학설을 극복하는 것이었다. 동적-변증법적 진리는 근대에 와서 합리주의와 경험주의로 다시 등장한 이 두 입장을 매개한다. 프랑스의 합리주의가 중기 플라톤의 영향을 받았다면, 영국 경험주의는 플라톤을 비판한 아리스토텔레스에 영향을 받았다.

칸트는 단지 이성에 의해 해명되는 이념만 진리라고 주장한 관념론/합리주의와 감각을 통해 접근할 수 있는 대상들만 진리라고 주장하는 실제론/경험주의의 '모순'을 이 둘이 상호 연관되어 있다는 선험 철학적 접근을 통하여 해결하고 있다. 그에 따르면 합리적 개념이 없는 감각적인 직관들은 맹목적이고, 감각적 직관이 없는 합리적 개념들은 공허하다. 칸트는 자신이 저술한 세 가지 '비판'서에서 처음으로 철학을 이렇게 개념적으로 명확하게 구조화할 구상을 했다. 그 덕분에 이제 우리는 오성과 이성 그리고 판단력을 구분하고 사고와 인식 그리고 판단을 구분할 수 있게 되었다. 우리 논의와 연관해서 중요한 것은, 칸트가 순수이성비판에서 자율성을 선험적으로 구상해낼 수 있다고 주장했다는 것이다. 여기서 그는 정언명령의 관점에서 인간의 자유와 책임을 선험적이며 꼭 필요한 이성 개념으로 파악하며, 이것들을 더 이상 경험적으로 인식 가능한 것이라 여기지 않는다. 자율성을 이렇게 이해함으로써 법은 자율성의 구현 행위인 형집행Vollzug을 제도적으로 가능하게 하는 데 이용된다. 이렇게 하여 자율적 인간들 사이에 적합한 상태는 규칙을 따르는 법상태다(자연상태가 아니다). 법상태란 모든 시민의 동등한 자유를 누릴 수 있는 권리를 제도적으로 서로 인정해주는 상태를 말한다.

『도덕 형이상학』(1797)에서 칸트는 인간들 사이의 이러한 법관계를 세 개의 영역으로 세밀하게 규정하는데, 그것은 바로 국법의 영역, 국제법의 영역 그리고 세계시민법의 영역이다. 국제법의 영역에서 칸트는 전쟁에 관해 언급하고 있다.

폴레모스: 자연상태와 권리관계 사이

전쟁의 권리에 대한 칸트의 이론은 주로 그의 『도덕 형이상학』(53~60 절)에서 찾아볼 수 있다. 이 책 53절에서 칸트는 '국제법'을 국제관계의 자연상태에서 국가 간의 법으로 이해하고 있다. 칸트는 자연상태를 "타고난 자유"나 "끊임없는 전쟁" 상태라 부른다. 이 전쟁상태는 전쟁을 할 권리, 전쟁 중의 권리 그리고 전쟁 후의 권리를 설명할 것을 요구한다.

칸트는 54절에서 네 개의 관점을 "국제법의 구성요소"라고 부른다. 첫 번째로 그는 자연상태에서 국가관계를 다룬다. 여기서 자연상태란 법상태가 아니다. 그 밖에 칸트는 이 자연상태가 더 정의로운 사람의 법이 아니라 더 힘이 센 사람의 법이 통용되는 전쟁의 상태로 되는 상황을 자세히 언급하고 있다. 이 전쟁상태는 잠재적 갈등상태이지, 항상 긴박하고 매일 전장에서 일어나는 격렬한 충돌상태는 아니다. 오히려 지속적으로 유지되는 잠재적 적대상태이다. 비록 이 상태에서 부당함이 당사국들에게 무조건 일어날 필요는 없지만, 이 상태는 그 자체로 부당하고, 그래서 법 또는 정의에 상응하지 않는다.

타인을 상대하는 개인의 자격이든지 혹은 이웃 국가를 상대하는 국가의 자격이든지 간에 공화주의가 근본적으로 요구하는 것(법이념)들을 실현하고자 하는 사람들이 서로를 인정하는 법적 관계 속에서 다른 사람들 혹은 다른 국가들과 더불어 살려는 근원적 요구를 하려는 기미가 있다는 것은 패러다임상 칸트의 법이론을 지지한다. 칸트에 따르면 그 다음 단계는 일종의 사회계약의 토대로 국제연맹을 만드는 것이지만, 이것이 국가가 되는 것은 아니다. 그보다 오히려—칸트의 핵심문제이기도 한, 국가 간의 자연상태에서 일어난다는 전쟁의 특성에서 보자면—단지 계약을 통해 확정된 평화동맹이 중요하다. 이 동맹은 어떤 경우에도 시민적 헌법을 갖지 말아야 한다. 즉 국가가 되지 말아야 한다. (칸트는 이미 1795년 그 당시 논란이 되었던 바젤평화조약의 관점에서 쓴 저작 『영구 평화론』에서 이런 내용을 서술했다.) 대신 이 동맹은 조합이나 연방의 형태가 되어야 한다. 그리고 이 연방의 법적인 구속력은 정기적으로 갱신되어야 한다. 다시 말해 법으로 갱신을 보장하지 않아도 "유효기간"을 가져야 한다. 이러한 합의의 유일한 목표는 평화조합에 참여하고 있는 국가들끼리 전쟁을 피하는 것이다. 칸트에게는 잠재적 전쟁상태로 인해 사람들은 연방을 법제화하는 방향으로 진보를 추구하는데, 이 연방이 크든 작든 국가에 보편적 주권과 특수한 실존을 보장해준다는 것은 역사철학적 사실이다.

그래서 칸트(『도덕 형이상학』 55절)가 전쟁은 무엇보다 국가 간 법적 관계를 수립할 권리가 관철되도록 돕는 데 기여할 수 있을 것이라고 말해도 그리 놀랍지 않다. 여기서 문제가 되는 것은, 군주는 (정당한 전쟁에서뿐만 아니라 그들의 의지에 반하는 전쟁에서조차도) 물질적으로뿐만 아니라 육체적으로 전쟁의 목적을 달성하기 위해서 어느 정도까지 자기 국민을 끌어들일 수 있는가 하는 것이다.

56절에서 칸트는 전쟁을 할 권리에 대해 언급한다. 여기서 그는 국가에는 "균형"을 잡을 기본 권리Urrecht가 있다는 것에서 출발한다. 자연상태에서는 어떤 재판절차도 이용할 수 없기 때문에 전쟁은 다른 국가에게 당한 권리침해를 청산하고 처벌하는 유일한 절차다. 칸트는 "정당한" 전쟁을 구성하는 또 다른 요소로 위협에 대한 방어를 든다. 이 위협에는 이웃 국가의 군비 증강이나 "가공할 만한" 지배력 증강(예를 들어 영토의 확장) 등이 해당될 수 있다. 칸트에 따르면 이렇게 위협만 존재하는 상황에서도 약소국은 "공격을 받고 있다고" 느끼게 된다. 그래서 궁극적으로 (예방 차원의) 방어적 공격권으로 이어지는 세력 균형의 유지에 관한 정당하고 "합법적" 관심이 생긴다.

57절은 *전쟁 중의 권리*를, 즉 국제법에서의 이 권리를 다룬다. 하지만 이것이 그 자연상태의 본질에 따르자면 원래 법이 부재한 상태에 만장일치로 받아들일 수 있는 법적 규칙을 만드는 일이라는 점을 생각한다면, 가장 어려운 일이다. 칸트에게는 합법성의 원칙만이 유일한 해결책이다. 즉 전쟁은 교전당사국들이 자연상태에서 나와 법적 상태로 들어가야 한다는 윤리적 의무를 따를 방법을 차단하지 말아야 한다는 원칙에 따라 수행되어야 한다. 그러므로 국제법상의 갈등은 국제법의 주체인 국가의 '외적 자유를 존중해야 한다는 원칙'의 관점에서 한 국가의 국민을 물리적으로 파괴시키는 전멸 전쟁도 안 되고, 한 국가의 국민을 윤리적으로 파괴시키는 정복전쟁도 안 된다.

그러므로 그의 입장에서 다시금 전쟁을 정당화할 수 있을 정도의 과도한 지배력 증강은 국제법상 용인되는 평화 복원을 위한 방어조치에 들어갈 수 없다. 원칙적으로 자연상태의 국가에는 모든 종류의 방어수단들이 허용되지만, 자국민이 버젓한 국민이 될 수 있는 것을 불가능하게 만들지 모르는 그런 수단들은 물론 허용되지 않는다. 그렇게 되면 그런 국가는 장차 법적인 연맹체의 회원국이 될 수 없으며 국제법상 인격 신분도 가질 수 없게 되기 때문이다. 자국민을 이렇게 금지된 방법으로 이용한 사례로 칸트는 첩보활동, 암살, 독살, 저격, 거짓정보와 같은 것들을 들고 있다. 간단히 말해서 장차 평화조약 파트너의 신뢰를 지속적으로 흔들거나 불가능하게 만들지도 모를 교활한 짓을 말한다.

58절에서 칸트는 *전쟁 후의 권리*, 즉 평화조약의 권리에 관해 말하고 있는데, 그 권리를 통해 과거 적대적인 국가들이 (윤리적 당위인) 법적 관계에 들어가게 된다. 여기서 칸트는 다음과 같은 원칙을 정하는데, 그것은 이 조약이 평화관계의 지속적인 토대가 되어야 한다는 것이다. 그래서 승전국이 평화조약의 통상적 내용을 넘어 패자에게 특별히 심한 권리침해를 하거나, 직접적으로 그리고 공개적으로 전쟁비용을 배상할 것을 요구할 수 없다. 또 포로 교환에서 숫자는 중요하지 않다. 패자에 대한 관용의 입장을 취하고 있는 이런 규정들을 보면, 칸트에게 중요한 것은 승자의 은혜나 용서가 아니라, 평화조약 내용들에서 다시 새로운 전쟁의 토대가 될 수 있는 씨앗을 남기지 않는 것이다. 왜냐하면 치욕적이거나 몹시 경멸당한 평화조약은 선한 것을 담고 있지 못하기 때문이다. 그러므로 평화조약은 전쟁의 성격을 패전국의 부당함을 전제하고 이를 응징하는 징벌전쟁으로 해석하는 것을 막아야 한다. 이런 의미에서 패전국을 승전국의 식민지로, 패전국의 시민을 노예로 만드는 평화조약은 '이성적'이라 볼 수 없다. 더구나 칸트가 명확히 했듯이 승전국이 사면을 하는 것은 바로 평화조약의 개념에 속한다.

그의 전쟁철학의 핵심부를 이루는 60절에서 칸트는 "부당한 적"
이 도대체 무엇인지, "정의"의 관점에서 원칙적으로 이 부당한 적을
어떻게 대할 수 있는지에 대해서 언급하고 있다. 우선 칸트는 만약
그 국가가 주장하는 (말 또는 행위로) 공식적 의지가 원칙이 되고 보
편적 규칙이 된다면 국가 간의 평화상태를 가능하게 만드는 것이
아니라 자연상태를 영구화 할 것 같은 그런 국가는 확실히 "부당
하다고" 말한다. 여기서 정언명령이 평화정치에 적용된다는 것을 어
렵지 않게 인식할 수 있다. 부당한 국가를 결정하는 또 다른 요소
로는 국제조약을 어기는 것이다. 이것은 "모든 나라와 연관된 문
제로 이 조약을 어기면 국제평화가 위협 받게 된다." 이성적으로 생
각해 보았을 때 만약 이런 조약을 어기게 된다면, 관련 국가들은
어쩔 수 없이 이에 대해 자신을 방어할 수단을 강구할 수밖에 없
다. 이제 이런 "부당한" 적을 만나 상대하게 된다면, 이 불량한 적
을 상대하는 국가들이 질적으로 허용된 방어수단들(57절에 명시된 것
처럼)을 사용한다면 양적인 면에서는 어떤 제한도 없다. 방어수단을
사용하는 강도의 기준은 "자기 권리를 주장"하는 데 충분할 정도
로 사용한 것으로 정당화 된다.

마지막에서 가서 칸트는 다시 한 번 자연상태의 관점에서 "부당
한" 적에 관해 언급하는 문제를 다루지 않을 수 없었다. 자연상태
그 자체는 부당한 상태이다. 만약 "정당한 적"이었다면, 그에게 저
항하는 것은 정의의 관점에서 금지될 것이다.

마지막 61절에서 칸트는 자신이 이미 1795년 동일한 이름의 얇

은 책자에서 상세히 논했던 "영원한 평화"에 대해서 말한다. 본질적으로 중요한 것은 국가는 국제관계에서는 아직 자연상태에 있고, 따라서 잠재적 전쟁상태에 있다는 것이다. 그래서 그는 국가가 분쟁이 일어나는 자연상태를 극복하고 법적 상태로 넘어가야 한다는 국가의 윤리적 이성의무를 강조한다. 그런데 칸트에게 이것은 무엇보다 "공화국들" 간의 상호 관계에서 가능한 것으로 보인다.

제4장

정당한 전쟁과 문화적 윤리성 – 클라우제비츠, 피히테, 니체

칸트의 사상에서 전쟁이 법적 구성요건을 획득한 후, 칸트주의자인 클라우제비츠는 전쟁을 도덕적 총체성의 관점에서 파악한다. 그는 전쟁을 형이상학적 냉혹함이 포괄적으로 드러난 사건으로 생각한다. 따라서 그는—인간은 자유롭게 자기를 규정할 수 있다는 칸트의 요구에 따라—플라톤과 스피노자의 요소를 한데 묶어 근대적 동일성을 만들어낸다(이 점에서는 셸링도 다르지 않다). 피히테는 일반 정치적인 것에서 자유투쟁으로 새롭게 파악된 윤리성 개념을 행위를 정당화하는 최고 준거 틀로 극단화시킨다. 그래서 플라톤주의인 아우구스티누스에게 신앙인의 공동체였던 교회가 갑자기, 나폴레옹의 지배를 받던 시기 처음으로 독일 민족의 자유성으로까지 낭만화된 자유로운 시민 공동체의 전사들이 죽어서 가는 궁전이 된다. 니체는 니힐리즘이 유행하던 시대에는 모든 것을 상대화시키는 전쟁을 통해서 사회가 고양될 수 없다고 생각한 "절망한 피히테"이다. 미적인 비더마이어풍의 의식을 통해 니체의 전쟁 개념은 그 자신을 향하여 방향을 돌려, 내적 투쟁이 되고, 궁극적으로—20세기 신이 죽은 서구에 닥치게 될 전조로서—그 자신을 희생시킬 내적 경험이 된다.

전쟁의 변증법의 세 번째 요인은 도덕적 추상성을 전쟁에 내재되어 있는 윤리성의 관점이 법적으로 소외되어 있는 상태와 매개하는 것이다. 이 소외상태를 직접 논증하는 담론이 행해진 후에, 전쟁 개념은 다시 그 자체로 회귀하게 된다. 이제 전쟁은 생생한 이념으로, 문화와 윤리를 이루는 구성요소로 파악된다. 전쟁이 인류 자체만큼이나 오래되었다는 것은 늘 놀랄 만한 일이었다. 이미 헤라클레이토스의 성찰 이래로 전쟁은 심리사회적 재난이나 인류 역사의 잘못된 발전과는 다른 어떤 것일지도 모른다고 추측하게 되었다. 이것은 미래의 영원한 평화라는 관점에서 인류의 치료 가능성을 기대하게 했다. 칸트는 이런 기미를 이미 자신의 저서 『영구 평화론』에서 적절하게 논평하면서 이런 평화를 자유로운 인간들의 살아 있는 공동체보다는 공동묘지와 더 연관시켰다. 칸트는 역사철학에서도 군사적 긴장은 문화의 지속적 발전의 본질적 동인이라고 말했다. 이렇게 해서 전쟁은 진지하게 받아들여야 하지, 도덕적 이성성을 종식시키려 하는 파괴자로 옆으로 치워놓을 수만은 없다.

우리는 체계상이나 방법론상으로 전쟁에 대한 비판적 성찰을 멈추어서는 안 된다. 그래야만 모든 상황이 지금보다 훨씬 좋고, 훨씬 인간적이며 훨씬 마음에 들게 유지될 것이다. 19세기에 일어난 혁명과 계몽주의 그리고 문명을 촉진시킨 사건들이 어떤 상황에 힘입은 바가 있는지 명확히 해야 한다면 그것은 바로 폴레모스의 존재론적 현상방식인 전쟁 덕분일 것이다. 나폴레옹 전쟁, 크림전쟁, 보불전쟁과 같은 전쟁들은 19세기에, 잔학성에 있어서 합리주의가 등장하기 이전 시기인 17세기를 능가할지도 모를 20세기로 들어가는 길을 열어주었다는 특징을 부여한다. 전쟁의 이런 차원을 개략적으로 기술하기 위해서, 20세기에도 깊은 영향을 주고 있는 탁월한 사상가인 클라우제비츠와 피히테 그리고 니체의 사상을 짧게 소개하고 싶다.

세 명 모두는 '윤리적 전쟁 개념'에 특별하게 기여하고 있다. 클라우제비츠는 전쟁을 군복을 입은 사람만 하는 것이라는 생각에서 벗어나게 했다. 그는 전쟁을 군영에 제한된 행위에서 정치적 영역으로 나오도록 이끌었다. 마키아벨리의 천재성에 대한 성찰을 통해 나폴레옹에게 분명해진 것은 "총력전"이 나온 이래로 상대를 보호하고 존중하면서 전쟁을 수행할 수 없을 거라는 것이었다. 왜냐하면 나폴레옹은 시민을 혁명의 용사로 생각했기 때문이다. 스스로 마키아벨리의 후계자로 자처한 피히테는 전쟁을 국가정치적인 것일 뿐만 아니라 국가의 기초가 되는 것으로 이해했다. 스스로 책임져야 할 개인과 공동체의 자유를 위해 공동으로 투쟁한 전쟁은 이 자유를 실제로 그리고 맨 먼저 공동체 내에서 살아 있게 만들 것이다. 니체는 이지적으로 이런 생각을 했지만 이 자유의 실현 가능성이 점점 더 줄어든다고 보았다. 반동적 비더마이어 시기에 자기 고국과 자기 대륙의 사회심리학적 상태가 문화적으로 고사되고 있다는 사실에 충격을 받은 니체는 거의 절망상태에 빠진다. 초기 낭만주의자 횔덜린에게서 찾아볼 수 있었던 기본적으로 낙관주의적인 분위기는 유럽의 데카당스 시기에 살았던 후기 낭만주의자 니체에게서는 사라졌다. 그렇기에 차라투스트라는 분명히 휘페리온과는 다른 성격이 될 수밖에 없었다. 횔덜린은 계몽이 타락할 가능성에 대해 경고하지만, 니체는 이 타락이 시작되었다는 것을 기록하고 온갖 수사를 동원해 신랄하게 비난한다. 마치 고대 유럽 휴머니즘이 마지막으로 절규하듯이 말이다. 이런 의미에서 니체의 「전쟁론』은 결코 학술논문이 아니고, 오히려 천재적인 솜씨로 쓴 문학적 결산서다.

클라우제비츠 – 전쟁과 정치

전쟁은 적에게 우리 의지를 수행하도록 강요하기 위한 폭력행위이다. 이 폭력에 대응하기 위한 폭력은 기술과 과학의 발명품들로 무장한다. 국제법의 윤리라는 이름 하에 전쟁을 따라다니고 있는 제한들은 언급할 가치가 없을 정도로 미미하기 때문에 본질적으로 폭력의 힘을 약화시키지 못한다.

『전쟁론』 I. 1. 2

물리적 폭력의 사용이 전체적으로 지능의 협력을 결코 배제하지 않기 때문에, 상대방이 폭력을 사용하지 않을 때 가차 없이 폭력을 사용하고 관용 없이 피를 부르는 폭력을 사용하는 측이 우세하게 된다. 이를 통해서 이 나라는 다른 나라에게 법을 만들어 강요하게 된다. 그래서 (폭력에) 내재해 있는 균형추들이 만들어내는 제한과는 다른 제한이 없는 한, 양측은 극단적인 폭력까지 쓰게 될 것이다. [⋯] 부조리하지 않고서는 전쟁철학에 (폭력)완화의 원칙은 결코 들어갈 수가 없을 것이다.

『전쟁론』 I. 1. 3

비오스: 부엉이와 독수리 사이

칼 폰 클라우제비츠(1780~1831)는 아마 유럽에서 가장 중요한 군사 이론가일 것이다. 그는 이론과 실천을 겸비한 군인이자 학자였다. 그는 독일관념론의 이론과 실천의 통일성을 기획한 핵심 프로젝트의 대표자다. 비록 클라우제비츠가 헤겔과 피히테의 '그늘'에 있어 '체계철학자'로 간주되지는 않지만, 그럼에도 불구하고 그에게는 그만의 특별한 철학적 특질이 있다. 클라우제비츠는 1801년부터 베를린의 육군사관학교에서 장교과정을 밟을 때 철학 공부에 집중했다. 그의 스승 요한 키제베터는 유명한 칸트주의자였다. 그의 사관학교 교장이며 스승인 게르하르트 폰 샤른호르스트의 핵심원칙, 즉 "철학 교육은 나폴레옹에 대한 답변이고 현대 프로이센 장교의 기초가 되어야만 한다."라는 원칙 덕분에 클라우제비츠는 이전처럼 독학으로뿐만 아니라 필수 교육 과정으로 정치와 윤리의 문제를 공부할 수 있었다. 젊은 클라우제비츠의 사유에 임마누엘 칸트가 미친 영향은 명백하고 클라우제비츠의 저작을 철학적으로 적절하게 해석할 수 있는 가능성을 열어준다.

러시아와 프로이센에서 나폴레옹에 대항하는 전쟁에 몇 차례 참전(1812~1814)한 후에, 클라우제비츠는 1815년부터 1818년까지 그나이제나우 장군 휘하에서 참모장으로 근무했고, 이후 1818년부터는 1810년에 설립된 베를린보통군사학교장(장교양성을 위한 사관학교와 일반 대학교육과정을 겸비한 학교)이 되었다. 이것은 대표적인 자유주의적 군사개혁가인 그가 정치적으로 찬밥 신세가 되었다는 것을 의미한다. 이 오랜 기간 동안 클라우제비츠는 편안히 자신의 주요 저작인 『전쟁론』과 다른 저작들을 완성하는 데 전념할 수 있었다. 1830년 그는 브레슬라우로 전출되었는데, 그곳에서 장군이 되어 그나이제나우 장군과 함께 폴란드 반란전쟁의 감독관으로 근무했다.

러시아 군대는 이 반란을 빠르게 진압했지만, 콜레라를 전염시켜 먼저 그나이제나우 장군을, 그리고 1~2개월 후에는 클라우제비츠를 죽게 만들었다. 클라우제비츠가 죽은 후 미망인 마리 폰 클라우제비츠는 남편의 저작들을 유고집으로 출간했다.

로고스: 정치와 에토스 사이

클라우제비츠 사상의 중심에는 한편으로 그의 인간상이 있고, 다른 한편에는 그의 인간상에서 유추된 정치 개념이 있다. 그의 인간상은 철저하게 칸트적이다. 자유의지, 인간의 자율성, 인간의 자기 규정성, 이와 함께 인간의 책임성이 중심이다. 칸트 철학(윤리학)의 전문가일 뿐만 아니라 마키아벨리의 제자이기도 한 클라우제비츠가 정치에 있어서 마키아벨리와 전적으로 비교 가능한 정치도덕관을 보여주고 있다는 것은 더 이상 놀라운 일은 아니다. 훗날 칼 슈미트처럼 클라우제비츠도 정치를 우선 싸움으로, 투쟁으로, 폴레모스(전쟁)로 간주한다. 그러나 이러한 폴레모스는 생존 문제에서의 갈등이라는 의미에서 유물론적 투쟁이 아니라, 자유로운 존재들 사이의 투쟁이다. 그래서 클라우제비츠는 예를 들어 전쟁을 수공업이나 기술로 이해하는 것을 거부했다. 수공업이나 기술은 행위 대상으로 생명이 없는 재료를 취하지 영적으로 충만된 도덕적 존재를 취하지는 않는다. 클라우제비츠는 영적으로 충만한 도덕적 존재들에게 특별한 의미를 부여하는데, 이 의미는 윤리적 사명으로 고려되어야 할 뿐만 아니라, 칸트 이후 목표로 제시되었듯이, 철저히 전략적 요소로도 고려되어야 한다. 왜냐하면 유물론적 인간상, 즉 결정론적이고 타율적인 인간상을 잘못 추종하는 사람은 인간의 참모습을 올바르게 판별하지 못할 뿐만 아니라 군사적으로 적합한 상황 판단을 할 수도 없기 때문이다.

클라우제비츠는 원래 장교이기 때문에 자기 성찰을 구조적으로 잘못된 가정의 토대 위에 둘 수 없었다. 왜냐하면 이로부터 추론을 잘못하는 오류를 범하면 학계의 평판을 잃을 뿐만 아니라 많은 사람들의 생명도 희생시키기 때문이다. 그러므로 그의 지적인 노력은 정치에 대한 마카아벨리의 기본통찰(귀납법)을 존재의 도덕적 진리성에 토대를 두는 칸트와 피히테 입장(연역법)과 결합시키는 방향으로 나간다. 단지 마카아벨리만을 가지고 마카아벨리를 넘어설 수 없다. 이것은 홉스에게도 적용된다. 물론 어떤 경우에도 마카아벨리와 홉스의 관찰을 낮게 평가하지 않는 생각이 필요하다! 이런 의미에서 분명 피히테나 헤겔도 자신의 변증법적 성찰의 정치적 배경을 점검하기 위해 특히 마카아벨리를 충분히 검토했다.

따라서 정치에서 문제가 되는 것은, 자유롭고 원칙적으로는 책임감 있는 존재들이 자신들의 공통된 이해관계, 즉 하나의 목표나 하나의 행위에서 적대적으로 서로 대치한다는 사실이다. 그러므로 훗날 하이데거가 강조할 말의 의미에서 정치는 불가피하게 대결과 관련된다. 그래서 클라우제비츠는 윤리적 해결, 즉 모든 측면에서 논증될 수 있고 동의될 수 있는 해결책이 존재해야만 한다는 사실에 기반을 둔 정치관을 가지고 있다. 하지만 그는 모든 정치 세력들이 다 진실에 따라 행동하는 것은 아니고, 이성을 위해 자신에게 편한 입장을 양보하지도 않는다는 것도 전제한다. 이 경우에 (정치의 이성성에 대한 지속적인 주목하에) 강제적 수단도 고려될 수 있는 데, 이 수단은 이성적 정치가 이성적인 방식으로 관철되도록 도와야 한다. 오로지 전쟁에서 이성이 관철되도록 도울 경우에만 전쟁은 정치의 수단으로 효과가 있다("빛난다"). 개전 초에 이성적인 평화질서를 세워야 한다. 그렇지 않으면 진정한 의미에서 승리를 얻는 것은 불가능할 것이라고 한 클라우제비츠의 말은 이런 의미에서 이해될 수 있다. 이에 따르면 클라우제비츠에게 있어서 전쟁은 이성적인 것이다. 이는 헤라클레이토스의 로고스나 스피노자의 적 본성과 같은 철학적 전통에 있는 것이다. 이러한 배경하에서만 클라우제비츠 전쟁관의 참된 철학적 의미가 드러날 수 있을 것이다.

폴레모스: 총력전과 자유의지 사이에서

클라우제비츠 전쟁철학의 핵심은 전쟁의 본질이 무엇인가라는 질문이다. 스피노자의 용어로 말하면, 이것은 정치의 모듈(공약수)이자 정치의 실체이다. 헤어프리트 뮌클러가 클라우제비츠와 연관하여 반복해서 강조하듯이, 그 밖에도 그에게 중요한 것은 후에 전쟁의 본질에 들어 있는 "매혹적인 삼위일체성"(I, 1, 28)이다. 하지만 이 삼위일체성은 클라우제비츠가 칸트 외에도 피히테의 저작들도 연구했다는 점에서 옳은 것처럼 보이는 종교적이며 변증법적인 차원과는 직간접적으로 무관하다.

주요 저작인 『전쟁론』에서 클라우제비츠가 여러 번 수정 작업을 한 그의 전쟁 '철학'의 핵심이 들어 있는 부분은 1권 1장이다. 근본적으로 클라우제비츠에게 있어서 잊지 말아야 할 것은 600페이지가 넘는 『전쟁론』의 많은 부분들이 19세기 초에 일어난 전쟁을 다루고 있고 철학적 연구보다는 군사사적 연구에 관심을 가지고 있다는 것이다. 그러나 클라우제비츠는 군사학의 대가일 뿐 아니라 소크라테스의 전통에서 '무엇'에 관한 질문, 즉 '전쟁'이 무엇인가라는 질문을 두려워하지 않은 철학자이다. 이런 이론적 선행 질문은 위에서 언급한 전쟁에서 어떻게 승리할 수 있었을까 하는 실천적 성찰로 확장된다.

전쟁은 유기적 총체이다. 클라우제비츠는 서론을 이렇게 시작하고 있다. 이러한 통찰은 진부한 것처럼 보일지 모르지만 방법론적 고백이라고 보아야 한다. 즉 이것은 전쟁을 연역적으로 접근하는 방식과 관련이 있다. 연구대상의 개별적인 구성요소들 또는 요인들을 다루기 전에 전체의 본질이 조명되어야 한다고 클라우제비츠는 말한다. 클라우제비츠에 따르면 전쟁의 요소들을 항상 전체의 관점에서 관찰하지 않으면, 그것들을 절대로 파악할 수 없다.(I. 1. 1) 클라우제비츠에 따르면 전쟁 개념의 핵심은, 즉 전쟁의 본질적 핵심은 결투다. "전쟁은 바로 결투가 확대된 것일 따름이다."(I. 1. 2) 이런 결투에서 작전상 유일하게 중요한 것은 적을 쓰러트리고 이를 통해 "장차 저항을 할 수 없게 만드는 것이다."(I. 1. 2)

그러나 왜 상대를 쓰러트리고 저항할 수 없게 만들어야 하는가?

이 작전상의 목적 외에 전쟁의 고유한 목적은 무엇인가? 원래 전쟁의 정치적 목적은 "물리적 폭력을 동원하여 다른 국가에게 자기 의지가 관철되도록 강요하는 것이다."(I. 1. 2) 이미 첫째 줄에서 클라우제비츠는 전쟁에서 적을 존중하고 보호할 가능성이 있다는 어떤 환상도 심어주지 않는다. "전쟁은 적에게 우리 의지를 수행하도록 강요하기 위한 폭력행위이다. 이 폭력에 대응하기 위한 폭력은 기술과 과학의 발명품들로 무장한다. 국제법의 윤리라는 이름 하에 전쟁을 따라다니고 있는 제한들은 언급할 가치가 없을 정도로 미미하기 때문에 본질적으로 폭력의 힘을 약화시키지 못한다."(I. 1. 2) 한편으로 기술과 과학이 전쟁에 봉사하지만 다른 한편으로 "국제법의 윤리"는 전쟁의 힘을 본질적으로 약화시키지 못한다. 클라우제비츠는 여기서 자신의 저작과 미래의 전쟁이론에 중요한 개념을 도입하고 있는데, 그것은 전쟁의 작전상 *수단*은 물리적 폭력이고, 전쟁의 *전략적 목표*는 적을 무력화시키는 것이며, 전쟁의 *정치적 목적*은 적에게 자기 의지를 강요하는 것이라는 것이다.(I. 1. 2)

그런데 보통 적의 무력화라는 군사전략적 목표에 집중하기 때문에 군사적 행위들을 바라보는 관점에서 정치적 목적은 무시된다. 하지만 군대가 물리적 폭력을 통해 적을 무기력하게 만들었지만, 그러고도 이 무방비상태의 적에게 자신의 의지를 강요하거나 영구적인 평화질서를 세우려는 정치적 목적이 실패한 경우가 얼마나 자주 있었던가? 마키아벨리의 제자였던 클라우제비츠는 군사력을 동원해 정치적 의지를 관철하려 하는 행위의 '정당성' 또는 '합법성'을 규범적이고 윤리적인 측면에서 평가하지는 않는다. 다만 그는 이런 정치적 의지가 도덕성과 합법성을 넘어서 군사력을 총동원한 폭력 사용으로까지 단계적으로 확대된다는 사실만 밝히고 있다. 이런 폭력은 우선 적의 군사력을 무기력하게 만드는 것부터 시작해서 궁극적으로 적이 가진 문명을 무기력하게 만들 수도 있을 것이다. 왜냐하면 군사전략적 목표로서 '무력화'는 분명 정치적 의지의 관철(전쟁의 정치적 목적)을 가능하게 해야 하기 때문이다. 공동체의 정치적 규정에 따르자면, 공동체의 정치적 의지가 군대에 의지하는 것이 아니라 국민의 의지에 기초한다면 그 공동체의 군대가 붕괴된다고 해서 무조건 그 공동체의 정치적 의지도 꺾이는 것은 아니다.

그러나 클라우제비츠에게 핵심요소는 행위의 성공이지, 어떤 (시간, 공간 그리고 문화적으로 매우 다양한) 상태Status는 아니다. 그가 말하는 것은 순수하게 적이 군사적으로 항복하는 것이 아니라 정치적으로 중요한 문제에서 적을 무력화시키는 것이다. 이로써 클라우제비츠는 (마키아벨리와 그 천재적인 제자인 나폴레옹을 다루면서) 프랑스 혁명과 연결시켜 총력전(사회구성원이 다 참여하는 전쟁)을 정치적인 범주로 도입하게 된다.

다음 단계로 클라우제비츠는 폭력 사용의 강도를 다루면서 전쟁에 동원되는 물리적 폭력은 원칙적으로 제한될 수 있을 것이라는 생각을 순진하다고 경고한다. 비록 전쟁의 방식을 문화적으로 제한하는 문명적 조건들이 존재할지도 모르지만, 원칙적으로 이것이 전쟁을 제한할 수는 없다. 클라우제비츠에게 이와 같은 일은 전혀 있을 수 없다. 이와는 반대로 이것을 믿거나 희망하는 것은 인간의 선량함을 잘못 이해함으로 인해 가장 나쁜 결과를 야기할 수 있는 위험한 오류가 될 것이다. 왜냐하면 *"부조리를 범하지 않고서는 전쟁 철학에 (폭력) 완화의 원칙은 결코 들어갈 수가 없을 것"*(I. 1. 3)이기 때문이다.

계속해서 클라우제비츠는 인간들 사이의 싸움은 두 가지 요인에 의해 규정된다는 것을 명백히 한다. 그것은 "적개심"과 "적대적 의도"이다. 전쟁에서는 항상 두 가지 요인들이 나타난다. 그래서 고도로 발달된 문명들에서는 적대감 없이도, 즉 순수하게 오성적 행위로만 전쟁이 일어날 수 있다고 가정한다면 오산이다. "한마디로 말해 최고의 문화민족들조차도 서로 격렬한 적대감에 사로잡힐 수 있다. 여기에서 우리는 문화민족들의 전쟁을 단순히 정부의 순수한 오성적 행위의 결과로만 여기고, 모든 감정과는 무관한 것으로 생각해 전쟁이 (군대)전력이라는 물리적 힘들을 실제로 더 이상 필요로 하지 않고, 오히려 단지 이 전력들의 관계, 다시 말해 행위의 (일종의) 대수학만 필요하다고 생각한다면, 그것이 얼마나 틀린 생각인지 알게 된다."(I. 1. 3) 그래서 클라우제비츠는 *첫 번째 상호작용*을 다음과 같이 요약하고 있다. 전쟁은 폭력행위다. 이 폭력을 사용하는 데 있어서 한계는 없다. 그래서 모든 폭력은 다른 폭력을 부른다. 이로써 상호작용이 일어나는데, 이것은 개념상 최악의 극단적 사태로까지 발전할 수밖에 없다.

그 다음 단계에서 클라우제비츠는 정확히 전쟁의 *전략적 목표*가 어디에 있는지를 다루는데, 그것은 바로 적을 무력화시키는 것이다. 적의 무력화는 어떤 상태를 의미할까? 출발점은 늘 적이 우리의 의지를 실현하고 싶어 하지 않는다는 것이다. 그러므로 클라우제비츠에게는, "물리적 폭력을 사용해서 우리가 적에게 요구하는 희생보다 적을 더 불리한 상황에 빠트리는 것이 중요하다는 것은 분명하다."(I. 1. 4) 이런 불리함은 더욱 불리해야 할 뿐만 아니라 또한 예상되는 희생보다 더 불리해야 한다. 그렇지 않으면 적은 분명 물리적 압박이 끝나기를 관망하면서 지켜보고, 자기 의지를 굽히지 않을 수 있기 때문이다. 클라우제비츠는 다음과 같이 요약한다. "여기서 나오는 결론은 적의 무장해제 또는 격퇴는 항상 군사적인 행위의 목표여야 한다는 것이다."(I. 1. 4)

클라우제비츠에게는 이것이 극단적 사태까지 이르게 만들 두 *번째* *상호작용*의 내용이다. 전쟁이 두 개의 살아 있는 세력들 간의 행위이기에, 각각의 세력은 다음과 같이 말할지 모른다. "내가 상대방을 꺾지 않는 한, 나는 상대가 나를 쓰러트리고, 그래서 내가 더 이상 나의 주인이 아니고, 상대가 나에게 법칙을 강요하지 않을까 두려워해야 할지도 모른다."(I. 1. 4)

목표에도 상호작용의 특성이 있다는 인식에서 출발하여 클라우제비츠는 다시 한 번 수단의 영역, 즉 물리적 폭력의 영역으로 되돌아간다. 보충설명하자면 수단 투입을 결정하는 데 있어서, 즉 적의 저항력을 평가하는 데 있어서 상호작용이 이 영역에서 계속 일어난다. 클라우제비츠에 따르면, 이 평가는 현존하는 수단이라는 상대적으로 잘 계산할 수 있는 크기와 의지력이라는 매우 규정하기 어려운 크기로 구성된다. 여기서 중요한 것은 동기의 크기를 평가하는 것이다. "이렇게 하여 적의 저항력을 감내할 수 있는 확률을 얻게 된다면, 우리는 그것에 따라 어느 정도 노력해야 할지를 맞출 수 있고, 적의 저항력을 압도할 정도로 우리의 노력을 크게 만들거나, 적의 저항력을 압도하기에는 우리의 노력이 부족할 경우 가능한 한 크게 만들 수 있다. 하지만 상대도 이와 동일한 계산을 할 것이다. 그래서 상호 간에 새로운 전력증강이 이루어질 것이다. 그런데 단순하게 생각해도 이런 전력증강을 위한 노력은 극단적인 수준까지 치닫게 될 것이다.”(l. 1. 5) 클라우제비츠에게는 이것이 전쟁을 극단적인 상황까지 몰고 갈 *세 번째 상호작용*의 내용이다.

이 *세 가지 상호작용*들은 이것들이 완전히 고립된 상태에서 일어난다면 불가피하게 “총력전”으로 이어지게 될 것이다. 그러나 클라우제비츠는 이것을 하나의 추상적 생각에 불과하다며 거부한다. 이 세 가지 상호작용에서 전쟁의 본질에 내재하는 원칙적인 경향들만이 중요하지만, 전쟁은 추상적이고, 고립적이며, 시공간 그리고 문화를 무시하고 일어나는 것이 결코 아니라는 것을 간과한다면 치명적 오류를 범하게 될 것이다. 클라우제비츠는 6~10장에서, 현실에서 전쟁은 단 한 번도 추상적-연역적 총체성 속에서 일어난 적이 없으며, 오히려 *세 가지 상호작용* 모두는 절대적 전쟁이론을 “순수하게” 적용하는 것을 불가능하게 만드는 무수히 많은 부수적 사정들과 난관에 의해 약해진다고 말하고 있다. 전쟁은 진공 상태에서 일어나지 않고, 의지는 그에 상응하는 전사前史나 외적 조건 없이는 형성되지 않는다.(l. 1. 7 참조)

전쟁은 적을 평가하는 척도인 적의 결연한 태도에 대해 나로 하여금 극단적으로 대응하려는 마음을 가지도록 강요하는 행위로만 구성되어 있지도 않다. 전쟁이 계속 이어질 경우 항상 충분한 물자들을 징발하게 되는데, 이렇게 동원되는 물자들을 보면서 적이 어느 정도까지 결연한 의지를 가지고 있는지 귀납 추리할 수 있다. 이를 통해 아군의 물자 투입을 줄일 것인지도 결정할 수 있다. 그밖에 적은 자기가 동원한 모든 수단을 언제나 그리고 최대한 사용할 수 있는 것은 아니다. 그래서 클라우제비츠는 순수 이론적-추상적 (그 자체로 논리적이고 설득력 있는) 모델들이 현실에서도 절대적으로 그리고 완전하게 일어나지 않는다고 확신한다.(I. 1. 9) 그래서 그는 "이상적 전쟁"(I. 1. 10; 추상적 이론에 부합하는 전쟁)은 결코 일어날 수 없다는 것을 고려하길 요구하기도 한다. 이러한 통찰이 학문 이론상 매우 가치가 있다는 것은 특별히 강조될 필요가 없다. 20세기에 그리고 최근까지 추상적 경제 모델들을 독단적으로 적용한 결과 사회가 어떻게 황폐화되었는지를 고려하는 것만으로도 충분하다.

클라우제비츠에 따르면, 우리가 현실의 차원을 함께 고려하면 다음과 같은 결론에 도달하게 된다. "이렇게 해서 모든 군사적인 행위에는 극단으로 치달으려 하는 힘이 있다는 엄격한 법칙이 도출된다. 이 극단성을 두려워하거나 더 이상 추구하지 않는다면, 전력 증강의 노력을 어디까지 할 것인지 그 한계를 정하는 판단에 맡기면 되는데, 이 판단은 현실세계의 현상들이 제공하는 자료들을 토대로 계산된 확률 법칙에 따라 이루어질 수 있다. 양쪽 상대들이 더 이상 순수한 개념이 아니고 개별 국가나 정부라면, 또 이 전쟁이 더 이상 이상적으로 전개되는 것이 아니라 이상하게 전개된다면, 현존하고 있는 실제 상황이 미지의 것, 예상될 수 있는 것에 대한 자료를 제공하게 될 것이다. 상대방의 성격, 상대가 가진 설비, 상대가 처한 상황에서 쌍방 모두 확률법칙에 따라 상대의 행위를 추론하게 될 것이며 그리고 나서 자신의 행위를 결정하게 될 것이다." (I. 1. 10)

전략적 목표나 물리적 수단이 절대적이거나 "이상적인" 형태로 나타나지 않기 때문에 전쟁의 본질적인 요소여야 할 전쟁의 목적 Telos이 다시 부각된다. 전쟁의 목적은 적의 의지를 꺾는 정치적 목적이다. 전쟁 고유의 목적은 여기에 있는 것이지 적을 무력화시키는 것이 아니다. 적의 무력화는 단순히 전략적 목표이지 정치적 목적은 아니다. 폭력의 무제한 사용은 전쟁의 목적도 아니고, 전쟁의 본질도 아니다. 이것은 단지 전략적 목표를 달성하기 위한 수단일 뿐이다. 그리고 이 전략적 목표는 정치적 목적을 성취하는 데 기여해야 한다.

"이 극단성의(추상적) 법칙, 즉 상대방을 무력화시켜 진압하려는 의도가 지금까지 이런 정치적 목적을 삼켜버렸다. 이 법칙이 힘을 잃고, 이 의도가 목표에서 밀려나자마자, 전쟁의 정치적 목적이 다시 전면에 부각된다. 전체 성찰이 특정한 사람이나 관계에서 유추된 확률 계산이라면, 전쟁의 원천적 동기인 정치적 목적은 이 성찰에서 매우 본질적인 요소가 되어야 한다. […] 그래서 전쟁의 원천적 동기인 정치적 목적은 군사 행동을 통해서 달성해야 할 목표의 척도가 되는 것은 물론이고 이를 위해 요구되는 노력의 척도도 될 것이다. […] 정치적 목적이 동일하다 하더라도 서로 다른 민족들 사이에서는 전혀 다른 결과를 낳을 수 있고, 심지어 동일한 한 민족이라 할지라도 시대에 따라 완전히 다른 결과를 낳을 수 있다. 정치적 목적이 대중에 미치는 영향을 생각할 때만 우리는 이 정치적 목적을 척도로 간주할 수 있다. 대중에게 (정치적 목적을) 강화시키는 원칙 혹은 약화시키는 원칙이 발견되느냐에 따라 결과는 완전히 다른 것이 될 수 있다는 것은 쉽게 알 수 있다. 두 개의 민족과 국가에서 매우 큰 적대적 긴장이 있을 수 있기에, 매우 사소한 전쟁의 정치적 동기조차도 그것의 본성을 훨씬 넘어서는 결과를, 즉 진짜 폭발을 야기할 수 있다."(I. 1. 11)

이 마지막 말로써 "전쟁은 다른 수단을 통해 정치를 계속 이어가는 것이다."라는 클라우제비츠의 유명한 문장이 무엇을 의미하고 있는지가 암시된다. 그리고 이 말에는 19세기뿐만 아니라 이미 20세기가 암시되어 있다. 왜냐하면 정치적인 것의 본질을 규정하는 것은 대중이 될 것이기 때문이다. 그러나 이전에 이 대중은 민족 Nation으로 불려야 했는데, 이에 대해서는 피히테가 사고했다.

피히테 – 전쟁과 민족

전쟁에서 그리고 전쟁의 공동체적 고군분투를 통해서 하나의 민족은 민족이 된다.

「초안」, 1813, 「전집」 VII, 550

함께 발전시킨 국가 건설의 역사를 통해 하나로 뭉친 군중들을 우리는 민족이라 부른다. 민족의 자립성과 자유는 자발적으로 시작되어 국가로까지 지속적으로 발전하는 것에 있다. 이 발전의 진행이 임의의 폭력을 통해서 멈추게 된다면, 민족의 자유와 자립성은 공격 받게 된다.

「국가론」 1813, 「전집」 IV, 412

비오스: 천재와 운명 사이

요한 고틀리프 피히테(1762~1814)는 독일 관념론의 창시자이자 중요한 선구자로 간주될 수 있다. 그는 비숍스베르다 근처에 있는 라메나우 태생으로 아주 가난한 집안에서 성장했다. 지주인 에른스트 하우볼트 폰 밀티츠가 어린 피히테의 비범한 재능을 알아보고 그에게 어울리는 교육과 대학 교육을 받게 했던 것은 순전히 우연이었다. 이미 청년 시절에 칸트의 열렬한 신봉자였던 피히테는 1791년에 쾨니히스베르크에 살았던 칸트를 방문했고, 그곳에서 며칠 만에 칸트의 정신에 입각한 종교철학서인 『모든 계시에 대한 비판 시도Versuch einer Kritik aller Offenbarung』를 저술했다. 몇 년 후에 그는 예나 대학 교수직을 제안 받고, 1794년부터 1799년까지 재직했다. 철학자로서 가장 중요한 시기이기도 한 이 얼마 되지 않는 시간 동안 피히테는 아주 중요한 저작들을 쓰게 되는데, 그 가운데 중요한 것만 언급하자면 『지식학Wissenschaftslehre』(1796), 『학자의 사명Bestimmung des Gelehrten』(1794), 『자연법론Naturrechtslehre』(1796), 『새로운 방법에 의한 지식학Wissenschaftslehre nova method』(1797) 그리고 『도덕론Sittenlehre』(1798) 등이다.

예나 대학 교수직을 그만두게 만들었던 '무신론 논쟁' 후에 피히테는 베를린으로 옮겼고, 거기서 곧 『인간의 사명Bestimmung des Menschen』과 『완결된 상업국가Der geschlossene Handelsstaat』(1800)를 저술했다. 에어랑엔 대학에서 잠시 초빙교수 생활을 한 후 피히테는 프로이센 대 파국의 해인 1806년에 쾨니히스베르크를 거쳐 베를린으로 돌아갔다. 여기서 그는 『현 시대의 특징Die Grundzüge des gegenwärtigen Zeitalters』(1806), 『독일 국민에게 고함Reden an die Deutsche Nation』(1808)과 같은 역사철학적 내지 정치적 저작들을 저술했다. 전쟁 동안 피히테는 한편으로 프랑스에 대항한 독일의 저항과 해방전쟁의 열렬한 지지자였고(피히테는 프랑스 혁명을 초기에는 열렬하게 지지했다), 다른 한편으로 지식학은 물론이고 법학 그리고 국가론을 다시 수정하는 작업에 매달렸다. 간접적이기는 하지만 그는 전쟁의 영향 때문에 자신의 거대한 체계 구상을 완성하는 작업을 중단해야 했다. 그것은 그의 제자들이 전선으로 징병되었기 때문인데, 이로 인해 피히테는 「참된 전쟁 개념에 관하여」(1813)라는 감동적인 강연을 하게 된다. 다른 이유는 그의 아내 요한나가 야전병원 간호사로 근무하다가 악성 발진티푸스에 걸렸고, 이 병이 다시 피히테에게 전염되어 피히테는 결국 1814년 1월에 사망했기 때문이기도 하다.

헤겔이나 클라우제비츠의 삶과 유사하게 피히테의 삶은 본질적으로 혁명전쟁이나 나폴레옹 전쟁에 의해서 각인되었다는 것을 쉽게 알 수 있다. 피히테는 '전쟁철학자'였다. 그의 저술 시기 동안에 ─1792년 이후 첫 번째 연합전쟁과 마인츠의 포위공격(1793)과 거의 동시에 썼던 첫 저작들에서부터, 1806년 프로이센 파국을 거쳐서 나폴레옹의 극복 시기인 1815년까지—유감스럽게도 평화적이고 안정된 국제관계를 경험하지 못했다.

로고스: 자유와 책임 사이

전쟁이라는 시대사적인 배경에도 불구하고 피히테의 글이 단지 전쟁을 현상적으로만 다루었다고 볼 수 없다. 이런 특징은 오히려 그의 사유원칙인 '혁명'이라는 현상에 더 걸맞을 것이다. 물론 피히테의 글이 순수하게 행위지향적이고, 그의 사유에서 진리란 곧 사행 Tathandlung이며, 그래서 그의 사유는 당연히 "윤리적 관념론"(예를 들어 하인츠 하임소에트의 획기적인 피히테 연구(1923년))이라 불렸다는 사실을 인정해야 한다. 그의 체계적 사고가 칸트로부터 유래되었다는 것, 일생 동안 그가 데카르트 이후 연장실체res extensa와 사유실체res cogitans로 갈라진 상처를 인간 자유의 상징을 통해 봉합해보려 시도했고, 이를 통해 스피노자와 근본적으로 구별된다는 것은 피히테의 이해를 위해 중요하다. 피히테에 있어서 (그렇게 부르고 싶다면) 인간은 원칙이자 실체이고 자연은 양태Modalität이다. 반면 스피노자는 정확히 반대이다. 스피노자에게 있어서 (physis라는 고전적 의미로 이해된) 자연은 신의 실체이고 인간은 순수한 양태이다. 방법론상으로 보면, 체계사상의 두 대가는 완전히 서로 비교될 수 있고 사고의 엄격성과 (논리적) 정확함에 있어서는 서로 완전히 대등하다.

피히테는 (어떤 경우에도 주체나 개인으로 오해되지 말아야 하는) 절대적 자아Ich에 기초하고 있는데, 이 자아는 스스로 정립하고, 자아(개인으로 오해하지 말아야 하는) 반대편에 비아Nicht-Ich를 놓는다. 궁극적으로 피히테는 자아가 비아에 의해 규정된다는 원칙(실재론)을 특징으로 하는 이론지식학에 이른다. 하지만 여기서 한 발 더 나아가 자아가 비아를 규정한다는 원칙(관념론)을 특징으로 하는 실천지식학에도 이르게 된다. 그래서 진정한 학Lehre은 '실재관념론' 또는 '관념실재론'이다. 이 속에서 두 요소들은 상호작용하면서 서로 연결된다. 여기서 우선 형이상학적 상호작용을 실현하기 위해 타자das Alter Ego가 (간주관적 관계로) 정립되어야 하는 한 자연법학은 체계상 필연적으로 형이상학에서 빠져나올 수밖에 없다. 이 타자는 상호인정의 관계에 있을 때만, 그러니까 자유롭고 책임 있는 존재일 때만 다시 타자로 의미 있게 생각될 수 있다. 피히테는 이 상호 인정관계를— 1797년에 칸트의 법철학 일 년 전에—"법관계"라고 명명하고 있는데, 인간은 자신의 현존을 위해 필요로 하는 다른 모든 사람들에 대해서 형이상학적으로 이 관계의 제도화를 필요로 한다. 칸트에 있어서 자유롭고 책임감 있는 존재들 사이의 상호 관계를 법제화하는 것은 "오직" 도덕적이고 정언적인 법이거나 의무뿐이다.

이렇게 해서 우리는 제도화된 법관계에서 생존의 근원적 권리를 가진다. 왜 제도화되어야 하는가? 왜냐하면 피히테는 마키아벨리와 홉스로부터 다음과 같은 교훈을 배웠기 때문이다. 잠재적으로 이성적이고 도덕적으로도 이성성을 요구 받고 있다고 해서 인간이 실제로 그러할 것이라고 가정할 수도 없고 그렇게 가정해서도 안 된다. 바로 이 때문에 법관계가 제도화되어야 한다.

폴레모스: 소유 사회와 시민국가 사이

동시대의 칸트에게서처럼(1795년과 1797년) 피히테에게 전쟁철학은 두 개의 얼굴을 하고 있다. 한편으로 전쟁은 법 영역의 구성요소로 간주되고, 다른 한편으로는 후기 칸트에게서처럼 우선 법적인 현상이지만, (클라우제비츠의 정치관에서 매개된) 도덕적 현상으로 간주되기도 한다. 피히테는 법이론에서 완전히 고전적 자연법적 전통에서 국제법을 설명했다. 그런데 이 국제법은 본질적으로 국가 간의 법관계를 다루고 그중에서도 주로 전쟁과 전쟁의 권리를 다룬다. 이 국제법적 성찰의 틀 안에서 피히테에게 중요한 것은 전쟁의 합법성에 관한 문제다. 이로 인해 그는 완전히 자연법의 전통에 서게 된다. 물론 피히테의 사상에서 이미 근대 사상이 시작되고 있음을 인식하게 된다. 이것은 수평선에 떨어진 번개처럼 이미 스피노자가 예고했던 출발이다.

*전쟁의 권리*의 관점에서 피히테가 국제법에 어떻게 접근하고 있는지에 관해서는 전쟁이 그의 자연법적 전체 구상의 문맥 속에 있다는 것이 언급되어야 한다.

두 사람 사이의 관계가 합법적이기 위해서는 이미 언급했듯이 상호 인정이 있어야 한다. 이것은 피히테의 국제법 구상(1796년 『자연법의 토대(GNR)』에 관한 II. 부록)에서 국가 간의 세계에도 그대로 적용된다. 국가들 사이의 관계는 본질적으로 시민 안전의 보장과 상호 인정에 있다. 그런 조약은 각각의 조약 당사자의 적법한 규약성을—적어도 그것은 외교관계에서의 행위와 연관해서—전제한다. 이런 의미에서 국가는 계약 상대방이 국가를 적법하게 대표할 수 있는지에 대해 판단할 권리를 가진다. 왜냐하면 안전에 대한 상호 인정은 이런 적법한 관계에 근거해야 하기 때문이다.(『자연법의 토대』 II. 부록. 5조)

모든 인간은 동료와 함께 권리와 법이 없는 자연상태를 떠나 상호 인정의 법적 관계로 들어갈 강제권을 가지고 태어난다는 것은 국가에도 그대로 적용되는데, 국가는 국민들이 누리는 이 근원적 권리에서 이웃 국가들과 함께 국제법적 관계 속에 있을 권리를 도출한다. 이웃 국가는 이웃을 예속시킬 권리는 없지만 호혜평등의 원칙에 따라 이웃 국가로부터 인정받을 권리는 있다. 이웃 국가가 법적인 관계의 토대가 되는 이런 인정을 거부한다면, 이런 태도는 '전쟁을 할 수 있는 유효한 권리'를 제공하게 된다.(『자연법의 토대』 II. 부록. 6조) 합법적 정부를 구성하지 못한 민족이 국제 관계에서 합법적인 행위능력을 갖추기 위해 그리고 그와 함께 인정능력과 보장능력을 갖추기 위해서는 반드시 헌법을 만들어야 한다.(『자연법의 토대』 II. 부록. 7조)

우리들은 이 말이 "실패 국가failed state"라는 매우 시사적 문제를 연상시키고 있다고 오산한다. 이웃하고 있는 국가들은 국민의 재산을 서로 보장하는 것 외에도 국경과 이 국경의 연장을 서로 보장해야 한다.(『자연법의 토대』 II. 부록. 8조) 어쨌든 피히테에게 국경조약의 훼손 또는 상호 인정의 거부는 정당하게 전쟁을 벌일 수 있는 핵심 근거이다. "조약의 훼손은 인정의 거부와 마찬가지로 전쟁을 벌일 권리를 부여해 준다. 두 경우에 있어서 공격할 국가는 상대국과의 적법한 관계가 불가능하다는 것과 따라서 상대국은 어떤 권리도 갖지 않다는 것을 보여 준다."(『자연법의 토대』 II. 부록. 12조)

피히테는 전쟁을 벌일 권리의 문제를 설명한 후 여기에서 전쟁

중의 권리에 대한 문제를 도출한다. 즉 "모든 강제권과 마찬가지로 전쟁을 벌일 권리는 제한이 없다. 공격당할 국가에게는 권리가 없다. 왜냐하면 그 국가는 전쟁을 일으킬 국가의 권리를 인정하지 않으려 하기 때문이다. 공격당할 국가는 나중에 평화를 요청하고, 지금부터 정당하게 행동하겠다고 자청할지도 모른다. 하지만 전쟁을 수행하는 국가가 어떻게 그것이 상대의 진심이며, 자신을 억압하기 위해 더 나은 기회를 노리려고 하는 것이 아니라는 확신을 얻겠는가? 이에 대해 전쟁을 당할 국가는 전쟁을 할 국가에게 어떤 보장을 해 줄 수 있는가? 그래서 전쟁의 목적은 당연히 항상 침략당할 국가를 파괴하는 것, 즉 침략당할 국가의 국민을 예속시키는 것이다. 한 국가 아니면 양쪽이 현재 힘이 소진될 경우 이따금 평화(휴전) 조약이 체결될지도 모른다. 그러나 상호 불신은 계속 존재하고, 정복의 목적은 양쪽 모두에 계속 존재한다."("자연법의 토대』, II. 부록. 13조) 그러나 클라우제비츠의 사상과 유사한 전쟁의 이런 '총력전'의 성격을 피히테는 다음과 같은 설명으로 '상대화'한다. "전쟁을 하는 국가의 무장된 군대만이 전쟁을 수행한다. 비무장 국민은 전쟁을 하지 않는다. 전쟁은 이 국민의 의지에 반해 수행된다."("자연법의 토대』, II. 부록. 14조)

그러나 군인, 즉 무장된 힘과 관해 피히테는 법적으로 아주 명확한 생각을 가지고 있다. "무장 해제된 군인은 더 이상 적이 아니라 시민이다. 무장 해제된 군인이 전쟁포로가 되었을 때 포로 교환을 하는 것은 전후에 적들과 담판에 들어갈 것을 고려한 정치의 새롭고 자의적인 관행이지 결코 유용하고 당면한 전쟁 목표는 아니다."

(『자연법의 토대』 II. 부록. 14조) 피히테가 다음과 같은 것을 썼을 때 '인도주의적 전쟁 수행'의 방향으로 한 걸음 더 나가고 있다. "전쟁의 목적은 적을 죽이는 것이 아니라, 국민과 영토를 지키는 무장군인들을 몰아내고 무장해제시키는 것이다. 일대일로 벌이는 백병전에서 상대에게 죽임을 당하지 않기 위해 상대를 죽인다. 그것은 자기보존이라는 고유한 권리 때문이지, 국가에 의해서 부여된 살해할 권리 때문은 아니다. 국가는 그러한 권리를 갖고 있지도 않고 따라서 부여할 수도 없다."(『자연법의 토대』 II. 부록. 14조)

이로써 피히테는 전쟁을 할 권리는 물론이고 전쟁 중의 권리에 대해서도 상술하는데, 여기서 그는 전통적으로 알고 있는 여러 가지 것들을 완전히 새롭게 해석하고 상호 인정과 안전 보장을 완전히 요구할 수 있는 권리와 함께 인도주의적 전쟁 수행의 근대적 기준들을 구체적으로 고려하였다. 그러나 피히테는 이 상황에서 역사적 경험에서 자명하게 드러난 사실을 고려할 것을 호소한다. 국경조약을 지키지 않거나 안전을 보장하지 않으려 하며 이렇게 해서 상호 인정을 거부하려는 부당한 국가가 전쟁에서 승리하지 못한다는 것을 어떻게 보장할 수 있을까? 정당성만 있으면 승리를 보장 받는 것인가? 역사는 정반대였다. 그러므로 상호 인정과 국제 평화의 기치 아래 정당한 전쟁을 수행하는 세력을 구축하는 것이 필요하다. 그런 연합체는 아마 국제국가가 아니라 국제연맹이 될 것이다. 왜냐하면 자발적인 상호보장조약을 체결하는 것이 중요하지 통합국가를 만드는 것이 문제가 아니기 때문이다. 이런 생각들은 '영구 평화'에 관한 칸트의 생각과 전적으로 비교 가능하다. 하지만 피히테는 집단적 방어 체계인 국제연맹을 통해 외부의 적들에 대항한 전쟁을 승리하려 했던 반면, 칸트는 집단안전 체제를 목표로 하는데, 이에 따르면 '칸트'의 국제연맹 내부에서 회원국가 사이의 갈등은 피해야 한다.

피히테의 일반적인 체계에 따르면 그에게는 전쟁에 대한 법적 성찰들을 도덕적으로 압축하는 차원이 불가피하게 존재할 수밖에 없다. 여기서 두 개의 시기가 구별되어야 한다. 우선 『독일 민족에게 고함』(1808)과 1806년에 작성된 이 책의 '부록'의 틀 안에서 성찰했던 시기이다. 둘 다 프로이센의 파국을 중심으로 묶여진다. 프로이센의 파국은 1806년 예나 전투에서의 패배 그리고 1807년 틸지트조약에 의한 결과물이다. 프로이센의 실존적 위기라는 배경하에 피히테의 반계몽적 언급들이 이해될 수 있다. 피히테의 출발점은 나폴레옹을 완전한 폭압이라는 단 하나의 원칙을 구현하고 있는 인물로 보는 것이다. 즉 "현재 전투의 가장 심오한 의미는 폭압에 대항한 전쟁이다."(『초안』, 1813, 『전집』, VII, 547)

이러한 동기는 더 이상 이웃 국가들 간의 싸움이나 왕조의 패권에 관한 문제에서 비롯된 순수한 전쟁이 아니라, 원칙들의 전쟁으로 이해될 수 있는 전쟁에 대한 피히테의 견해를 대변하고 있다.

"그래서 현재 이 글의 작성자는 임박한 전쟁을 주시하고 있다. 이 전쟁을 통해서 다음의 질문에 대한 판단이 내려질 것이다. 역사가 시작된 이래 인류가 질서, 정돈, 윤리, 예술, 과학에 수없이 헌신함으로써 이루었던 성과가 계속 지속되고 인간 발전의 법칙들에 따라 계속 성장할 것인가? 또는 시인이 노래하고, 현자가 생각하며 영웅이 완성했던 모든 것들이 끝 모를 폭정의 아가리 속으로 가라앉을 것인가? 폭정은 자신이 무제한적이고 가차 없다는 것 이외에 자기가 무엇을 원하는지를 전혀 모른다." 1806년 피히테는 『현재의 전쟁을 위해 사용될 웅변술Anwendung der Beredsamkeit für den gegenwärtigen Krieg』에서 이렇게 평가하고 있다.(『독일 민족에게 고함』 부록, 『전집』 VII, 506 이하)

『독일 민족에게 고함』의 부록이 (피히테 자신도 포함되는) 전쟁 연설자를 향하고 있는 반면, 피히테는 다음 인용에서 '군인'을 직접 향하고 있다. "이제 여러분들은 여러분의 이런 가치를 확실하게 만들 기회를 가졌고 가지게 될 겁니다. 전투를 앞에 두고 전쟁에 관해 너무 깊은 생각을 하며 동요하지 말고 오로지 전쟁을 하고자 하는 의욕만을 가지며, 전쟁에서의 승리를 확신하고 그 방법을 잘 생각하기 바랍니다. 전투에서, 난리 속에서 확고한 의미를 가슴에 간직하고, 죽을 때조차 승리, 조국, 영원한 것을 생각하십시오. 어떤 다른 이도 여러분과 같은 기회를 잡지 못합니다. 그렇기 때문에 여러분을 부러워할 만합니다. 이런 모범을 보이는 것만으로도 여러분은 다른 사람들에게도 영향을 줄 거고, 죽은 것처럼 무기력한 나머지 국민들에게 용기와 힘을 불어넣을 겁니다. 인류와 독일의 친구가 희망을 가지고 여러분을 주시합니다. 의기소침한 이 친구는 여러분들에게 희망을 걸고 있습니다!"(『독일 민족에게 고함』 부록, 『전집』 VII, 511 이하) 1806년 예나와 아우어슈테트에서 벌인 프로이센 구체제Ancien Régime의 마지막 전투가 어떻게 결말이 났는가는 이미 언급했다.

대대적이며 혁명적인 국가 개혁을 성공적으로 마무리한 프로이센이—러시아의 알렉산드르 1세를 위해 봉사했던 클라우제비츠의 전략에 힘입은—'프랑스 군대'를 전멸시킨 후(1812) 새로운 힘으로 다시 나폴레옹 전쟁을 새롭게 시작할 능력과 의지를 얻었다. 30만에 이르는 프로이센 국민과 군인들은 1813년에 내린 프리드리히 빌헬름의 전쟁 명령을 따를 준비가 되어 있었다.(「나의 국민에게An Mein Volk」) 같은 해 피히테는 「진정한 전쟁 개념에 대하여」라는 연설문을 썼다.(1813년에 쓰여진 「국가론」의 틀 내에서; 「전집」, Ⅳ, 401 이하) 이 연설문에서 피히테는 전쟁을 온 국민이 자유 시민의 자유로운 공동체로 살아남기 위해 벌이는 도덕적 생존투쟁으로 간주했다. 이 해에—프리드리히 빌헬름의 전쟁 명령에 대한 직접적인 응답으로—미완성 저작인 「1813 봄 정치적 저술을 위한 초안」이 작성되었다.(「초안」, 1813, 「전집」, Ⅶ, 546 이하)

피히테는 이 「초안」에서 무엇으로 국민이 진정한 국민이 되고 국가가 될 수 있는지, 국민이 되고 국가가 된다는 것이 무엇을 의미하는지를 논하고 있다. 우선 피히테는 신성로마제국의 붕괴와 이 붕괴와 연관되어 발생했던 많은 오류들을 다음과 같이 인식하고 있다. "모든 혈통들이 근원적 친족관계에 있어 매우 용이하기 때문에 독일은 처음부터 통합군주국을 추구한다. 따라서 개별민족, 특히 작은 영주들이 이에 저항하기도 한다. 예를 들어 프로이센처럼 이런 표본에 따라 국가를 세운다 해도 전쟁은 언제나 일어나게 될 것이다. 연방 헌법을 만들면 어떤가? 더 강력한 재판관이 어느 혈통 출신이어야 하는가? 누가 오스트리아나 프로이센에 강제력을 행사하려 하겠는가? 어떤 노력도 헛될 것이다! 영주들이 욕심을 버리고 회합하여 입헌의회를 구성하는 것 외에 다른 방법이 없다. 그러나 영주들은 그것을 원하지 않고 그래서 끝이다. 이것은 예나 지금이나 변한 것이 없다. 독일인들은 확실히 프랑스인, 러시아인, 오스트리아인, 프로이센인으로, 신의 뜻대로 해체될 것처럼 보인다!"(「초안」 1813, 「전집」 VII, 549)

　마지막으로 그는 다음과 같은 결론을 내린다. "국가란 무엇인가? 내 생각으로는 대표자들과 국민들 간 상호 이해와 이에 근거한 상호 신뢰다. 이들 사이에는 완전한 동의가 이루어져야 할 사안이 있는데, 그것은 바로 국민의 자유이다. 이것은 모두가 원하는 것이다. 노예로 태어난 국민은 애초에 없다. 그래서 어떤 국민이 자유로운 헌법이 늘 발전하고 있는 상태에 들어갔다면, 그 국민은 더이상 다른 국민에게 부속되도록 개조될 수 없을 것이다. 이를 위해서 조국의 생존을 보장하기 위해서 지속적으로 교육되어야 한다. 이것이 중심 사상이다!"(「초안」 1813, 「전집」 VII, 549 이하) 그러나 그것으로는 충분하지 않다. 국민이 되기 위한 두 번째 가능성이 더 있다. "그러나 전쟁에서 그리고 공동체가 힘을 합쳐 전쟁을 끝까지 수행함으로써 국민은 국민이 된다. 현재의 전쟁을 함께 수행하지 않을 사람은 어떤 법령을 통해서도 독일 국민에 편입될 수 없을 것이다. 참된 전쟁이란 바로 이것이다. 그것은 군주들의 전쟁과는 구별되는 국민전쟁이다. 그것은 승리와 완전한 재건에 초점을 맞추고 있다. 전 국민이 싸우고, 어떤 국민도 이 전쟁에서 빠지거나 포기해서는 안 된다. 모두가 그렇게 생각한다면, 빈 땅 이외에 정복당할 어떤 것도 없을 것이다."(「초안」 1813, 「전집」 VII, 550 이하) 이로써 피히테는 '총력전'을 이야기하고 있다. 총력전의 수행을 통해 많은 개인들이—개별 인간이든, 지방영주이든—공동으로 합심하여 하나의 국가적 통일체가 된다.

그러나 그런 국민전쟁을 규정하는 것은 무엇일까? "국민전쟁에서 국민은 자신이 추구하는 목적을 위해 싸운다. 전혀 그들의 것이 아닌, 그들과 분리되어 태어나고 죽는 그런 사람의 망상이나 이해관계를 위해서가 아니다. 그러나 그 고유한 목적은 무한한 것으로 우리는 다만 근사하게 접근할 수 있을 따름이다. 그것은 이와 더불어 발전하는 헌법의 문제이다. 그것은 공화제이지 결코 폭정이 아니다."(「초안」, 1813, 「전집」 VII, 553)

피히테가 1813년 「국가론」에 관한 강의와 관련해서 강의 말미에 가졌던 유명한 연설인 「진정한 전쟁에 대하여」에서는 다시 한 번 국민전쟁과 이것의 도덕적 차원이 다루어진다. 그는 다음과 같은 문장으로 연설을 시작한다. "도대체 진정한 전쟁이란 무엇인가, 그리고 진정한 전쟁 개념에는 무엇이 자리하고 있는가 하는 질문을 통해 예고된 주제에 대한 강연을 잠시 연기합시다."(「국가론」, 1813, 「전집」 IV, 401)

피히테는 여기서 전쟁을 정치적 행위나 군사적 행위로만 고립시켜 관찰할 수 없고, 생명 자체를 이해했을 경우에만 전쟁을 이해할 수 있다는 사실에서 출발한다. "전쟁에 대한 견해의 대립은 국가에 대한 견해의 대립에서 근거하고, 여기서 파생된다. 국가에 대한 견해의 대립은 다시 인간 생명 일반에 대한 견해의 대립으로부터 나온다. 우리는 우리의 통찰에서 전자의 근거를 명확히 하기 위해서

후자에서 출발해야 한다."(『국가론』, 1813, 『전집』, IV, 402)

몇 군데 힘 있는 필치로 피히테는 '생명'에 대한 문제적 이해를 요약하고 있는데, 그것은 시사성을 잃지 않으면서 거의 "시간을 초월하고" 있다고 말할 수 있다. "보통 평범하고 주목 받지 않는 인간에게는 생명, 즉 지각을 통하여 주어지는, 그 당시의 시간으로 제한적이고 세속적인 생명이 궁극적 목적이자 목적 그 자체이다. 왜냐하면 보통 사람들의 분명한 인식은 그 이상 나가지 않기 때문이다. 모든 것은 현존하고 있으며, 피안에는 아무것도 존재하지 않는다. 피안에서의 삶은 이해되지 않고 단순히 관조될 따름이다. […] 생명은 최우선이고 가장 고귀한 것이다. 생명 다음으로 중요한 것은 가능한 한 생명을 유지하고, 그것을 매우 강하게, 매우 편안하게, 매우 쾌적하게 영위하기 위한 수단들이다. 세속적인 재화나 재산은 항상 현세적 삶을 안락하게 유지하는 것과 관련되어 있다. 그리고 이것에 이르게 하는 길은 근면한 생업활동과 장사다. 사업의 번창 그리고 가능한 많이, 가능한 최대로 번영을 누리는 것—이것이 최고선이고 지상낙원이다. 이보다 더 고귀한 것은 지상에는 없다."(『국가론』, 1813, 『전집』, IV, 402 이하)

이제는 이 최고의 재화들("재산")을 안전하게 보호하는 것이 필요하게 되고, 이로 인해 국가가 필요해진다. "서로 연관되어 있다고도 볼 수 있는 생명과 재산을 모든 종류의 약탈로부터 지키기 위해 국가가 있다. 국가는 이를 위한 단순한 수단이고 서열에서 세 번째이다. 제일 먼저 생명이고, 그 다음 재산, 마지막으로 그것을 보호하는 국가이다. […] 국가는 소유자들을 보호해주는 기관인데, 국가권력은 이런 봉사의 대가로 그들로부터 돈을 받는 봉사기관이다. […] 그들을 보호해준다면, 누가 그들을 보호하든 소유자들에게는 전혀 상관이 없다. 이때 유일하게 주목할 점은 가능한 한 매우 싸게 해야 한다는 점이다. 돈이 들기 때문에 국가는 필요악이다. 하지만 우리는 모든 해악들을 최소화해야 한다."(「국가론」 1813, 「전집」 IV, 403 이하)

그리고 계속해서 피히테는 말한다. "전투가 지속되면 생명 다음으로 인간에게 가장 소중한 재산이 황폐화되고, 그 어느 것과 바꿀 수 없는 생명과 건강마저 위협받는다. 그러므로 어떤 수를 써서라도 이를 막을 방법을 찾아야 한다. 이것이 전쟁이 터진 후 이성적 인간이 맡아야 할 최고의 의무이다. […] 세상사의 가치를 판단할 수 있는 참된 통찰력을 소유한 편견 없고 계몽된 사람들만이 이렇게 한다. 야만 시대에서 나온 편견들, 즉 왕을 신처럼 떠받들고 귀족을 신성시하는 편견들은 생명이 첫 번째이고 재산은 두 번째, 국가는 겨우 세 번째라는 단순한 원칙들을 분명히 알고 있는 이에게는 아무것도 아니다. […] 이것은 생명에 관한 견해이고, 이 때문에 국가에 대한 견해가 되고, 또 이 때문에 전쟁에 관한 견해가 된다."(「국가론」 1813, 「전집」 IV, 406 이하)

이 전쟁에 관한 견해에 대해 이제 피히테는 생명에 관한 매우 까다로운 의미를 부여하는 자신의 견해, 즉 윤리성의 콘셉트를 대비시키고 있다. 그가 윤리성에 관해 이토록 면밀히 강조해서 언급한 적이 없었다. 그가 이렇게 윤리성을 강조한 것은 아마 그의 청중이 몇 시간 후에 전쟁에 참전하는 상황이었기 때문일 것이다. "이것이 도덕적 의무나 신성성, 영원한 생명을 이룰 수단이라는 점을 제외하면 어떤 가치도 없습니다. 생명이 자유의 수단이고, 생명에 가치를 부여하는 유일한 것이 자유라는 이유 하나만으로도 자유는 […] 유한한 삶의 유일한 목적이 되고, 이 때문에 자유를 우선적으로 사용해야 하며, 자유가 없는 곳에서 얻어내야 하고, 이것을 얻을 수 없는 곳에서는 싸워 쟁취해야 합니다. 이 싸움에서 죽는 사람은 정의롭게 죽은 것이고 소망에 따라 죽은 것입니다. 왜냐하면 유한한 삶은 자유를 위한 투쟁이기 때문입니다. 생명 그 자체는, 즉 영원한 생명은 몰락하지 않습니다. 어떤 폭력도 그것을 줄 수도 빼앗을 수도 없지요. 그렇다면 유한한 삶이 더 이상 존재할 수 없는 죽음은 해방자입니다. 이런 맥락에서 이 분명한 원칙들을 꼭 붙잡으세요. 왜냐하면 우리는 이 원칙들을 사용하게 될 것이기 때문입니다. 이것과 반대로 일반적 견해는 생명을 목적 그 자체로 받아들이지, 윤리성을 위한 수단으로 받아들이지 않습니다. 생명이 윤리성의 수단이 될 수 있기 위해서는 자기 자신의 자유를 위한 수단이 되어야 합니다. 이런 수단이 되지 않는다면 생명은 어떤 가치도 갖지 않고 배후에 어떤 것도 없는 공허한 기만현상에 불과할 것입니다. 때문에 이런 기만적 현상으로서의 삶은 세계를 절대적으로 무가치한 것, 순수한 무로 평가하며, 이 때문에 다른 형태의 추론에서도 모두 계속 허무한 결론만을 도출하게 됩니다. 우리가 말했듯이, 유한한 삶은, 즉 자유를 위한 투쟁은 이중적으로 이해되어야 합니다. 본성의 충동으로부터 해방, 즉 각자 자기 자신을 통해 자신에게 부여해야 하는 내적 자유입니다. 또 다른 하나는 타자의 자유로부터 해방, 즉 다른 사람들과 공동체를 이루고 사는 모든 개인이 법적 관계[국가]의 합의와 승인을 통해서 얻게 되는 […] 외적 자유입니다. *국가 건설을 위해서 함께 발전시킨 공동의 역사를 통해서 하나로 뭉친 인간집단을 우리는 국민이라고 부릅니다.* […] 이러한 발전이 임의의 폭력을 통해서 멈추게 된다면, 국민의 자유와 독립성은 공격받게 됩니다. […] 이 때문에 원래 전쟁은 지배자 가문들의 전쟁이 아니라 국민전쟁인 것입니다. 그것은 전쟁은 국민의 일반적 자유가 그리고 특별히 모든 개인의 자유가 위협받을 때 일어나기 때문입니다. 이 자유가 없다면 모든 인간은 자신이 비천한 인간이라고 고백하지 않고는 전혀 살아갈 수 없습니다. 그러므로 모든 사람들은 자신의 인격을 위해 그리고 어떤 대리자도 없이 —모두는 자기 자신을 위해 전쟁에 나서야 하기 때문—죽느냐 사느냐의 투쟁에 나서야 합니다. 전쟁의 성격은 다음과 같습니다. 자유로울 때만 삶은 가치를 지닌다. 정복은 나에게서 자유를 빼앗기 때문에 나는 승자가 못 되면 살 필요가 없다. 자유가 없는 것보다는 죽음을 택할 것이다. 나는 죽음을 통해 영원한 삶을 얻게 될 것이지만, 노예 같은 삶을 통해서 그것을 상실하게 될 것이다."(「국가론」 1813, 「전집」 IV, 409~413)

피히테의 생각과 주장을 알게 만들어주는 이런 설명을 통해 우리는 수많은 사람들을 자유와 민족의 자율성을 쟁취하기 위한 투쟁으로 휩쓸어갔던 민족적이고 윤리적 각성의 파토스를 오늘날에도 알 수 있다. 이 연설은 확실히 19세기를 이해하기 위한 대단히 중요한 시대 증언, 오늘날까지 전쟁의 윤리적 의미가 무엇인지 알 수 있게 만드는 중요한 증서로 간주될 수 있다.

니체 – 전쟁과 문화

인류가 전쟁을 하는 법을 잊는다면(혹은 그때에만) 인류에게 아주 많은 걸 기대할 수 있을 것이라 생각하는 것은 망상이고 너무 낙천적인 생각이다.

『인간적인, 너무나 인간적인』, 477

좋은 명분은 전쟁까지도 신성화시킨다고 너희들은 말하는가? 하지만 내가 너희에게 말하노니, 좋은 전쟁은 어떤 명분이라도 신성화시키는 것이다. 전쟁과 용기는 이웃사랑보다 더 위대한 것들을 해놓았다.

『차라투스트라는 이렇게 말했다. 전쟁과 전사들에 대하여』

비오스: 초인과 광기 사이

니체(1844~1900)는 유럽의 정신사까지는 아니라고 해도, 독일의 정신사에서 가장 논란이 분분한 철학자인 것은 분명하다. 그의 사유는 도식화된 철학 전통 속에 일률적으로 편입되지 않는다. 그의 삶도 마찬가지로 완전히 평범하지 않았으며, 추상적 성찰보다는 개인적 위기에 의해 특징지어졌다고 말할 수 있다. 그의 인생은 대략 다음과 같은 시기들로 나눌 수 있다. 25년간의 유소년기(1844~1869), 10년 동안의 교수생활(1869~1879), 10년간의 자유 철학자 생활(1879~1889) 그리고 11년간 정신적 광기(1889~1900) 시기가 그 것이다. 그의 삶의 무대는 독일, 스위스, 프랑스 그리고 이탈리아였 다. 그가 가장 큰 영향력을 미친 국가들도 이들 나라다.

그의 유소년기는 두 개의 커다란 전쟁들로 각인된다. 그는 이미 나움부르크에서 보낸 학창 시절 중간에 친구인 구스타프 크룩과 빌헬름 핀더와 함께 매우 큰 관심을 가지고 비판적으로 하나의 전 쟁을 주시했는데, 그것은 러시아와 오스만 제국 사이의 벌어진 크 림 전쟁(1853~1856)이다. 비록 프로이센이 오스트리아와 비슷하게 중립적 입장이었지만, 소년 니체는 러시아를 분명하게 지지했으며 ─요한 피글이 『니체와 종교』(2007)라는 연구에서 최근에 지적했듯 이─'세바스토폴'을 포위 공격하는 것을 매우 적극적으로 성찰했 다. 열 살 소년 니체는 역사적 내용을 담은 첫 저서인 『요새에 관 한 책Festungsbuch』(1854)을 이 전쟁에 바쳤다. 니체가 부당하게 망각 되어 사라진 이 전쟁을 분석하는 것으로 그의 첫 번째 지적인 행보 를 했다는 것은 주목할 만하다. 이 전쟁은 거의 모든 차원에서 20 세기 전쟁의 패러다임을 예고한 최초의 현대적 전쟁이라고 부를 수 있다.

1858년부터 1865년까지 니체는 우수한 성적을 올렸기 때문에 엘리트 기숙학교인 슐포르타에서 계속 공부할 수 있었다. 그는 비 록 1866년 전쟁 동안 프로이센의 군대에 징집을 피할 수 있었지 만, 1867년 지원병으로 일년간 군대에 가게 되었다. 그러나 1868년 말을 타다가 심한 사고를 당했고 그 후 군복무를 할 수 없게 되 었다. 1869년에서 1879년까지 니체는 바젤 대학에서 고전문헌학과 교수로 강의했다. 우선 그는 1870년 위생병으로서 보불전쟁에 참전했으나 곧 병에 걸려 의사의 치료를 받고 휴양을 해야 했다. 1872년 그는 『다섯 권의 쓰지 못한 책들의 다섯 가지 머리말』(그 가운데 또한 「그리스인의 국가」)을 출판했고, 1878년 여러 해 동안 작업했던 『인간적인, 너무나 인간적인』을 내놓았다. 1879년 이미 학창 시절 이후로 지속된 고통(심한 두통과 안구 고통)이 심해져 중병에 걸렸고 바젤 대학 교수직을 사임했다.

1879년부터 1889년까지 니체는 자유 철학자로 살면서 간헐적으로 여행을 했다. 니체는 1883년부터 1885년까지 『차라투스트라는 이렇게 말했다』의 4개 부분들을, 1889년에는 『우상의 황혼』을 출판했다. 얼마 후에 그는 토리노에서 정신병이 발병한다. 정신질환에도 불구하고 많은 저술활동을 했던 '생산적 단계'가(이 시기 니체는 엄청난 광기를 드러내긴 했지만 궁극적으로 자기 이론과 연관된 심오한 철학서적들을 생산했다) 끝난 후 1900년 죽을 때까지 그는 계속 혼수상태에 빠져 있었다.

니체를 평가하는 데 있어서 결정적으로 중요한 것은 여동생 엘리자베트(1846~1935)가 그의 인생과 저작에서 차지하고 있는 문제적 역할이다. 파라과이에서 돌아온 이후(1893) 엘리자베트는 오빠의 글을 영향력 있게 만들기 위해 적절하게 노력했을 뿐만 아니라, 독일-민족주의적 의미에서 조작함으로써 정치적으로 민감하게 만들었고, 이렇게 하여 니체의 의도에 반하여 그의 글이 오용될 수 있게 만들었다. 20세기에 접어들면서 비로소 역사적-비평적 방식의 연구를 통해 니체의 저작들의 원천적인, 고도로 문화비판적이며 비극적인 후기 낭만주의적 본질이 두드러지게 드러난다. 니체는 루소와 더불어 시작되어 낭만주의를 거쳐 도스토예프스키로 이어지다가 마침내 실존주의까지 이어진 비극적 사상 전통의 정점을 찍었다.

로고스: 고귀한 휴머니즘과 비극적 숭고함 사이

니체의 '위험한' 가르침은 체계에 직접적으로 편입되는 것에서 벗어나 있다. 그는 많은 것을 잠언을 통해, 상당수의 것을 의식적으로 역설적으로 표현했다. 여기서 철학, 문헌학 그리고 심리학의 영역들이 결합되어 있다. 대다수의 사람들은 니체를 '단지' 천재적 저술가로만 보지, '철학자'로 보지 않는다. 물론 철학의 본질이 가능한 답변을 도출할 수 있는 체계적인 질서가 아니라 문제제기의 급진성에 있다고 본다면, 니체를 심오한 사상가로 간주할 수밖에 없을 것이다. 궁극적으로 니체는 탁월한 글 솜씨로 20세기와 21세기를 특징짓는 중요한 문제들을 해명하는 책을 썼다. 그가 다룬 문제는 위선적인 이중도덕, 대중사회, 문화의 의미와 가치 위기, 국가의 도구성, 진보에 대한 맹신이다. 요약하자면 데카당스와 삶의 부정이고 여기 그리고 지금hic und nunc 스스로 책임지는 세계를 만드는 것이다.

이런 맥락에서 "초인" 대 "종말인Letzter Mensch"이라는 개념쌍이 유명한데, "초인"이 진정 자유롭고 자기 규정적인 인간들이 숭배한 르네상스나 올림포스 시대의 우상이라고 한다면, "종말인"은 지금 진행중인 '모더니즘'의 추진자이자 결과물이고 모든 사물의 유용성을 행복의 척도로 여기며 이에 따라 살아가는 사람이다. 이 긴장은 무엇보다 『차라투스트라는 이렇게 말했다』에서 언급되고 있다. 이와 유사하게 니체는 "지배자의 도덕"과 "노예의 도덕"을 언급한다. "노예의 도덕"은 우선 고귀한 사람들에 대한 무의식적인 원한이나 이들을 도덕적으로 "악"한 사람으로 평가한다. 이것은 모두 그 다음에 자신을 근본적으로 "선"으로 간주하고 내세에 구상된 세계에서 자신을 "지배자"로 만들기 위해서이다. 이에 비해 『권력에의 의지Wille zur Macht』는 정치적 원칙이 아니라 인류학적 관점으로 접근할 수 있는데, 그것은 자율적 행위, 활동성, 형상화의 본질인 권력이다. 삶의 진정한 의지는 권력까지 나간다. 쇼펜하우어와 달리 니체에게는 삶의 의지를 극복하는 것이 중요한 게 아니라, 바로 삶을 스스로 창조하려는 의지를 긍정하는 것이 중요하다. 패러다임상 니체는 (그 이전에 이미 횔덜린이 그랬던 것처럼) 동시대 (독일) 사회의 고대 그리스 정신을 퇴폐의 거울이자 증거로 보고 있다.

고대 그리스에 대해서조차 니체는 비판가로서의 역할을 하고 있다. 그는 소크라테스적 계몽이라는 초자연의 이데아에 기대고 있는 플라톤의 형이상학과 싸운다. 그런데 여기서 이데아는 단지 가상적으로만 실재하는 삶의 진실이며, 단지 명상과 성찰을 통해서 ("항상 부정하는 정신"으로만) 파악될 수 있을 따름이다. 하지만 니체에게 삶은 그 자체로 생동하고 있는 것이다. 우리들은 마음껏 삶을 누려야 하며, 누구나 스스로 삶을 창조하고 지배해야 한다. "영원회귀"라는 말을 통해 니체는 인간은 삶의 회귀를 참고 견딜 뿐만 아니라 그것을 반갑게 맞이할 정도로 살아야 한다고 말하고 싶어했다. 궁극적으로 모든 데카당스는 『신은 죽었다』(『즐거운 학문Die

fröhliche Wissenschaft』의 '미친 인간Der tolle Mensch', 125 참조)에 토대를 둔
다. 이를 통해 니체가 신의 죽음을 요구한 것은 아니며, 니체의 이
말은 문화비판적 진단으로 이해해야 한다. 우리는 『지하생활자의
수기』(1864)나 『카라마조프 가의 형제들』(1880)과 같은 도스토예프
스키의 소설에서 이런 관점을 찾아볼 수 있는데, 니체는 1887년부
터 이 작품들을 알고 있었고 이것들을 최고의 작품("영혼의 유사성")
으로 평가했다.

마지막으로 니체와 기독교와의 관계가 실제적으로 어떠했는지
에 관한 질문을 하게 된다. 불가지론적 거부였나 아니면 자신만 고
유한 믿음을 얻기 위한 가장 처절한 투쟁이었나? 어쨌든 그의 사
유에서 실존적 투쟁인 전쟁은 니체를 항상 매혹시켰다. 니체가 죽
을 때까지 씨름했던 철학자가 헤라클레이토스라는 사실은 공연한
것이 아니다.

폴레모스: 문화투쟁과 붕괴 사이

이미 언급했듯이, 개념들을 체계적으로 도출하는 방법으로 니체를
파악하는 것은 불가능하다. 그의 혼란스럽고 선동적인 사상을 개
념 체계로 도출할 수 없다. 작업 방식으로 볼 때 니체는 자신이 이
처럼 개념 체계로 들어가는 것을 거부했다. 그럼에도 불구하고 전
쟁에 관한 니체의 중요한 언급들을 발견할 수 있는데, 이것들은
물론 그의 사상을 완전히 특징짓는 후기 낭만적 아이러니의 관점
에서 읽어야 한다. 니체가 한 말을 칸트와 같은 학자가 쓴 것처럼
읽는다면 아마도 완전히 잘못 읽게 될 것이다. '니체'라는 현상을

제대로 이해할 수 있는 유일한 방법은 아마 잠언적 방식으로 읽는 것뿐일 것이다. 이런 의미에서 전쟁에 대해서 그가 한 말들은 냉철한 합리성이나 위선적인 선악의 형이상학에 반대하는 절규로 읽어야 한다. 어쩌면 니체는 모든 가치들을 재평가하려는 시도에서 실패한 것처럼 보인다. 그러나 이 프로젝트는 유럽식 사고의 영원한 아젠다.

「그리스인의 국가」(『다섯 권의 쓰지 못한 책들의 다섯 가지 머리말』에 관한 세 번째 머리말)라는 텍스트에서 니체는 처음으로 전쟁에 대해 상세히 다루고 있는데, 이 글에서는 고대 그리스 도시국가라는 사회문화적 배경을 통해 그 당시 정치를 분석한다. "노예가 사회를 위해 꼭 필요하듯이 전쟁도 국가를 위해 꼭 필요하다고 이야기해 두자. 그리스가 왜 예술적 완성에 이르지 못했을까를 솔직하게 질문해본 사람이라면, 누가 이런 인식을 회피할 수 있을까? 전쟁이나 이 전쟁이 획일화를 야기할 가능성 그리고 군인이라는 신분을 지금까지 언급한 국가의 본질과 연관해 생각해본 사람이라면 전쟁이나 군인이라는 신분을 통해 국가의 원형이 우리 눈에 들어오게 된다는 것을 알 것이다." 이 말에서 이미 니체의 윤리적 전쟁관이 드러나고, 후기에 들어가면 그가 당대 문화와 정치에 대해 급진적 비판을 할 것이라는 것이 예견된다.

전쟁에 관한 니체의 급진적이고 철학적인 사상은 우선 바젤에서 쓴 『인간적인, 너무나 인간적인』(1878)에서 나타났다. 잠언 187에서 니체는 "치료수단으로서 전쟁. 생기가 없고 초라하게 변모해가는 민족의 경우, 이 민족이 아무튼 살아나고자 발버둥 칠 경우, 치료수단으로 전쟁을 권해봄 직하다. 왜냐하면 소모성 질환을 앓고 있는 민족에게는 난폭한 치료법도 쓸 수 있기 때문이다. 영원한 삶을 바라거나 죽지 않을 수만 있다면 한다는 것은 그 자체가 벌써 감정이 노쇠했다는 징후인 것이다. 충만하고 쓸모 있는 삶을 누린 사람일수록 그만큼 더 빨리 단 한 가지 좋은 감정을 위해서라면 생명도 버릴 각오를 하게 되는 법이다. 그렇게 살고 느끼는 민족은 전쟁 따위는 치를 필요도 없다.”고 말한다. 이미 이 행간에서 사회가 데카당스화 되는 과정에 대한 니체의 절망을 볼 수 있다. 이 점에서 니체가 헤겔을 따르고 있다는 유명한 사실은 그리 중요치 않다.

그러나 니체가 비인간적 전쟁주의자라고 전제해서는 안 된다. 바로 그 다음에 나오는 잠언들 중 하나(잠언 284)가 전쟁에 대한 그의 다른 시각을 보여주고 있기 때문이다. “실제적 평화를 위한 수단. 오늘날 어떤 정부도 이따금 나타나는 정복 욕구를 만족시키기 위해 군대를 보유하고 있다는 것을 인정하지 않으며, 그 대신 군대가 방어에 이바지해야 한다고 말한다. 그리하여 정당방위를 허용하는 저 도덕이 전쟁의 변호를 위해 호출된다. 하지만 이것은 자국은 도덕적이고, 타국은 비도덕적이라고 규정하는 것이 된다. [⋯] 그러나 이런 전제는 비인도적이고, 그래서 전쟁만큼이나 혹은 그보다 더 악질적인 것이다. 근본적으로 그것은 이미 전쟁을 도발하는 것이고 전쟁의 원인이 된다. 왜냐하면 이미 얘기했듯이 타국에 부도덕성을 씌움으로써 적개심과 적대행위를 유발하는 것처럼 보이기 때문이다.” 이 말들은 니체가 급진적 평화주의자일지도 모른다는 인상을 줄 수도 있다. 여기서 급진적 평화주의자는 국제관계의 모든 현실을 부정하면서 칼을 쟁기로 만들고 싶어하며, "정당한" 전쟁을 정치나 도덕을 냉소적으로 대할 도구로 간주한다.

잠언 444는 다시 전쟁에 대한 헤겔의 문화비판적 견해 쪽으로 흘러들어간다. "전쟁. 전쟁을 비난할 때 전쟁은 승리자를 멍청하게, 패자를 조롱거리로 만든다고 말할 수 있다. 하지만 전쟁을 옹호할 때는 위에서 언급된 두 가지 결과로 전쟁은 야만시되고, 이를 통해서 더욱 자연스러운 것이 된다. 전쟁은 문화에 있어서는 수면시간 또는 겨울이다. 인간은 전쟁을 통해 더욱 힘차게 선과 악을 향해 출발한다."

잠언 477 역시 문화비판의 핵심 주장으로 보아야 한다. "불가결한 전쟁. 인류가 전쟁을 하는 법을 잊는다면(혹은 그때에만) 인류에게 아주 많은 걸 기대할 수 있을 것이라 생각하는 것은 망상이며 낙천적인 생각이다. 기진맥진한 민족에게 야영의 저 거친 에너지, 저 깊은 비인간적인 증오심, 마음 편히 행하는 저 냉혹한 살인, 적을 전멸시킬 때면 누구나 같이 느끼는 격정, 커다란 손실에 대해, 자기 자신이나 친구의 목숨에 대해 무관심한 것을 자랑스럽게 여기는 태도, 영혼의 울림이 둔중한 지진처럼 무뎌진 상태와 같은 것들을 큰 전투와 같은 정도로 강력하고 확실하게 전달할 수 있는 방법은 당분간 아무것도 없음을 우리는 알고 있다. 여기서 솟구쳐 나오는 냇물과 강물들은 온갖 돌과 오물들을 이리저리 쓸어버리고 허약한 문화의 들판을 완전히 파괴해 버리지만, 그 다음에 유리한 상황이 오면 정신의 작업장에서 수레바퀴들을 새로운 힘으로 돌린다. 문화는 열정과 악덕 그리고 사악함 없이는 곤란하다. [⋯] 전쟁의 대용물을 여전히 찾아낼 수 있을지 모르지만, 오늘날 유럽인들처럼 고도로 문화화되고 따라서 필연적으로 허약한 인류는 여러 문화 수단들에 의해 자기문화나 자신의 현존을 잃지 않기 위해 그저 전쟁뿐만 아니라 더욱 엄청나고 무시무시한 전쟁(야만성의 일시적 재발)을 필요로 하고 있음을 더욱 통찰하게 된다."

1883년에서 1885년 사이에 일종의 새로운 복음의 일종으로 구상하고 집필했던 『차라투스트라는 이렇게 말했다』에서는 "전쟁과 전사"에 대한 차라투스트라의 연설이 나온다. "전쟁과 전사에 관하여. 우리는 훌륭한 적들이 우리를 아껴주길 바라지 않으며, 우리가 진심으로 사랑하는 이들이 우리를 아껴주는 것도 바라지 않는다. 그래서 나는 너희에게 진실을 말할까 한다! 전쟁을 하고 있는 나의 형제들이여! 나는 진심으로 너희를 사랑한다. 나는 너희와 똑같았고, 지금도 그러하다. 그리고 나는 너희의 훌륭한 적이기도 하다. 그래서 나는 너희에게 진실을 말할까 한다! […] 너희는 너희의 적을 찾아야 하고, 너희는 전쟁을 해야 하며, 그리고 너희의 사상을 위해 전쟁을 해야 한다! 그리고 너희의 사상이 패배당한다 해도 너희의 정직성은 그것을 넘어 승리를 외쳐야 한다! 너희는 평화를 새로운 전쟁을 위한 수단으로 사랑해야 한다. 그리고 긴 평화보다는 짧은 평화를 사랑해야 한다. 너희에게 나는 노동이 아니라 전투를 권한다. 너희에게 나는 평화가 아니라 싸워 이길 것을 권한다. 너희의 노동이 전투이기를, 너희의 평화가 승리이기를! […] 좋은 명분은 전쟁까지도 신성화시킨다고 너희들은 말하는가? 그러나 내가 너희에게 말하노니, 좋은 전쟁은 어떤 명분이라도 신성화시키는 것이다. […] 너희는 증오할 적들만 갖고 경멸할 적은 갖지 말아야 한다. 너희는 너희의 적에 대해 긍지를 가져야 한다. 그래야 너희의 적의 성공이 또한 너희의 성공이 되기도 하는 것이다. 반항 ─그것은 노예의 고상함이다. 너희의 고상함은 복종이어야 한다! 너희의 명령 자체까지 복종이어야 한다! […] 그러나 너희는 너희의 최고의 사상을 나로 하여금 명령하도록 해야 한다. 그리고 그것은 이런 것이다. 인간은 초극되어야 할 무엇이라는 것이다. 그래서 너희는 복종과 전쟁의 삶을 살아야 한다! 오래 사는 것이 뭐가 중요한가! 어떤 전사가 자신이 아껴지기를 바라겠는가! 나는 너희를 아끼지 않고, 나는 너희를 진심으로 사랑한다. 전쟁을 하는 나의 형제들이여! 이렇게 차라투스트라는 말했다." 이 문장들을 시문학으로만 읽지 비문학적인 글로 읽을 수 없는 사람에게 니체가 여기서 대량 살상무기를 투입하는 현대전을 언급한 것이 아니라, 이와는 다른 전쟁을 언급하고 있다는 것은 분명하다.

니체는 자신의 마지막 저작인 『우상의 황혼』(1889)의 머리말에서 오랫동안 자기 사상의 토대가 된 개인적이고 운명적인 투쟁에 대해서 논하고 있다. "모든 가치의 전도, 이것을 내세우는 사람에게 그림자를 드리울 정도로 암담하고 끔찍한 이 의문부호. 이 과제의 그런 운명은 매 순간 태양에게 달려가라고 강요하고, 무거운, 너무 무거운 진지함을 자기 자신에게서 떨쳐버리라고 강요한다. 그 과제를 위한 수단은 전부 정당하고 모든 '경우'가 하나의 행운이다. 특히 전쟁이 그러하다. 지나치게 내면화되고 너무 심오해져 버린 모든 정신이 했던 위대하고도 똑똑한 일이 바로 전쟁이었다. 상처 내부에도 치유력은 있는 법이니 말이다. 다음의 격언은 오랫동안 내 좌우명이었다. '상처에 의해 정신이 성장하고 힘이 회복된다.' […] 이 작은 책은 중대한 선전포고이다. 그리고 캐내는 대상이 되는 우상은 이번에는 한 시대의 우상이 아니라, 영원한 우상들이다. 여기서는 마치 소리굽쇠를 가지고 치듯이 이 영원한 우상들을 망치를 가지고 치게 될 것이다. […] 토리노, 1888년 9월 30일 모든 가치 전도의 1권이 완성된 날. 프리드리히 니체." 그리고 그 자신이 정신병에 걸리기 며칠 전에 니체는 유명하고 악명 높은 문장을 남겼다. "삶의 사관학교로부터. 나를 죽게 하지 않는 것은 나를 더욱 강하게 만든다."⁽잠언과 화살. 8⁾ 아마 이것이 그의 이성을 잃게 만들었을 것이다.

제5장

에필로그: 존재로서 전쟁 – 하이데거

> 하이데거는 초기 낭만주의자 횔덜린(『신들의 밤Götternacht』)과 후기 낭만주의자 니체(『우상의 황혼』)에서 전향한 후에 소크라테스 이전 사상의 희미한 광야로 다시 돌아간다. 로고스의 정체를 밝힌 헤라클레이토스의 생각을 처음 분석함으로써 하이데거에게 분명해진 것은 전쟁은 로고스—존재가 스스로 자신의 정체를 드러내는 방법으로 존재하고, 전쟁에서 존재의 진정한 본질이 나타나게 된다는 것이다. 이로써 하이데거는 전쟁의 윤리화라는 피히테의 이상에서 겪은 니체의 좌절을 극복하고 헤라클레이토스가 철학에 희미한 위안이 됨을 입증한다.

길이 다 끝나가는 지점에서 다시 출발점으로 돌아가 보자. 그러나 이번에는 직접적으로가 아니라, 20세기 가장 중요한 철학자 중에 하나인 마틴 하이데거(1889~1976)를 거쳐 가보자. 하이데거 역시 전쟁을 해명한 사상가로 볼 수 있다. 어쨌든 그는 제1차 세계대전(1914~1918)과 제2차 세계대전(1939~1945), 한국전쟁(1950~1953)과 베트남 전쟁(1961~1974) 그리고 냉전이라 통틀어 말하는 그 밖의 다른 많은 전쟁들을 동시대에 경험했다. 잘 알다시피 하이데거 자체가 슈바르츠발트와 프라이부르크 대학과 마르부르크 대학 근처에서 매우 고독하고 겸손한 학자의 삶을 살았다. 그의 고독은 칸트를 떠올리게 할지도 모른다.

뒤엉킨 길에서 새로운 개념을 창조한 하이데거의 철학에서 중요한 문제는 칸트 이후 한 번 더 플라톤과 아리스토텔레스의 고전 형이상학을 파괴하는 것이었다. 그의 핵심 문제는 전통 유럽 형이상학의 '존재망각성'을 극복하는 것이다. 왜냐하면 그렇게 해야만 자연과학이 기계화되는 것과 자연이 인간이 조작할 수 있는 단순한 재료로 격하되는 것을 막을 수 있기 때문이다. 존재론적으로 중요한 것은 존재자das Seiende를 그것의 토대가 되는 존재Sein와 혼동해서는 안 된다는 것이다. 존재의 사물화(하이데거가 말하는 것처럼, 이성을 통해 진리를 탐구하는 대신에 오성을 매개로 존재를 잘못 대상화 하는 것)는 취소되어야 하고, 존재에 대해 뿌리까지 철저하게 따져 묻고, 이를 통해 모든 존재자에 대해 의문을 제기하고, 존재망각의 한가운데에서 은폐되어 있는 존재를 끄집어내 조명하고 해석하고 해명해야 한다.

하이데거는 인간의 현존재Dasein의 도움을 받아 존재를 탐구하고, 존재를 삶의 이행으로 설명한다. 존재는 가능태dynamis, 다시 말해 그 속에 내재하는 무Nichts, 즉 죽음으로 움직이는 운동으로 설명된다. 죽음을 생각하면 우리는 외적 무의미성 너머에서 삶을 인지하고 의식적으로 살아가도록 강요당한다. 이렇게 할 수 있기 위해서는 인간의 현존재를 "실존성eksistent"(!), 즉 무로 튀어나오는 것으로 파악해야 한다. 하이데거에게서 중요한 것은 존재론적으로 존재의 가면을 벗겨내는 것이고, 존재망각 상태를 극복하는 것이며, 현존재의 피투성Geworfenheit이고, 존재자를 기만적으로 숨기고 있는 것을 없애는 것이다. 키르케고르와 더불어 두려움과 걱정이 인간의 정체가 존재-피투성에 있음을 폭로하고자 했던 하이데거의 매우 진지하고 급진적 접근법의 중심적 출발점이 된다.

그러나 이 순간에, 『존재와 시간』(1927)을 출판한 후에, 하이데거의 사고에서 '전환'이 일어난다. 그는 형이상학적 존재망각을 극복하겠다는 목표를 지향하고 있지만, 이제 더 이상 (사적) 인간 현존재의—(다시) 형이상학적인—분석에서 이런 목표를 지향하지 않는다. 하이데거는 (니체에 대한 생산적 분석에서) 소크라테스 이전으로 사고를 전향한다. 비더마이어풍 현존재의 소크라테스적 데몬은 그 존재-근원으로 후퇴해 자신의 고유한 진실성 속에서 드러난다. 현존재 역시 *존재하고*, 이런 식으로 최초의 근원들을 찾는다. 소크라테스 이전 철학자들은 근원arche, 즉 형이상학의 시초를 탐색하는 것에 중심을 두었다.

이러한 '전환'이—인간의 개별 운명과 현존재에서 인간의 비극적인 피투성에서 벗어나, 공적 심급으로서 총체적 존재를 향해 보편적인 ("총체적인"이라고 이야기할 수도 있다) 시선을 던지는 것으로—그 자체로 다시 철학적-체계적 배경을 가지거나 또는 전기적 및 정치적 배경들을 가지는지는, 여기서는 분명히 알 수 없다. 어쨌든 하이데거는 이 단계에서 인간을 그의 철학적 관심의 첫 줄에 둔 게 아니라 (세계 정치적) 상황이 실제로 이루어진 중요한 사건들 뒤에 두었다. 그것이 존재 그 자체이다. 하이데거는 1953년 니체의 '동일성의 영원회귀'와 연관하여 「니체의 차라투스트라는 누구인가?」라는 강연에서 "존재는 인간의 피조물도 아니고 인간은 단지 현존재 안에서 특별한 경우"라고 말한다. 이 강연에서 하이데거는 현존재의 존재와, 이 존재에 부합하는 니체의 초인에 대해 논한다. 폴커 슈피어링은 1990년『철학의 작은 역사』에서 이렇게 해서 죽을 운명을 지닌 인간은 "주인"이 아니라 단지 "존재의 목동"이 될 따름이라고 적절하게 언급하고 있다.

'어두운' 헤라클레이토스 시대로 '전환'

그래서 이러한 급진적인 사고에서 하이데거는 소크라테스 이전의 철학으로, 무엇보다 헤라클레이토스에게로 되돌아간다. 주체를 초월하고 있는 이 소크라테스 이전 시대의 '모호한' 사상가는 사적 개인을 아직 보편적 이성성의 중심에 두지 않는다. 그는 아직 인간을 주관주의적-개인주의적 히브리스Hybris 상태에서 해방시킬 필요가 없었다. 왜냐하면 인간은 개념상 아직 이 상태에 빠져 있지 않았기 때문이다. 모든 인간의 히브리스-개별성은 그 어두운 시대에는 내재적이고 창조적인 존재-로고스와는 거리가 멀었고, 헤시오도스의『신통기』이후에 일어난 것처럼, 올림포스 신화에서나 나타났다. 로고스는 모든 것을 포괄하는 자연physis의 역동적 규칙성이지 인간의 주관성의 기능 또는 능력은 아니다. 인간의 주관성은 현존하는 개체인 올림포스 신들의 세계 속으로 투사되고 그럼으로써 확정된다.

서구의 일신교적 형이상학이 존재Sein로까지 발전했지만, 이 존재가 사고의 중심이 된 것이 아니라 오직 하나의 현존재Seiende에게 옮겨지면서(올림포스 신) 위임되고 이를 위해 하나의 신을 세웠다.

반대로 많은 현존재들은 개별적인 히브리스 상태로 위임되고 구원을 얻기 위해 그리고 자신들을 신의 로고스로부터 분리시키고 있는 도랑을 극복하기 위해 노력했다. 이미 스피노자가 이미 실체-신-자연 개념을 가지고 이런 전통적인 인간 중심적 독법을 극복하려 했지만, 헤라클레이토스에게로 전환한 하이데거도 본질은 존재 그 자체에 들어 있는 것으로 보고, 본질을 고통 받는 개인들의 현존재 속에 고착시키는 것을 포기하는 길을 걸었다.

이렇게 하여 헤라클레이토스가 다시 전쟁론으로 들어오게 된다. 하이데거에게 와서 분쟁은 (피할 수 없는) 역동적 존재원칙으로 새롭게 평가 받는다. 적어도 하이데거의 사고에서는 정치 담론에서 '전체주의적인 것'으로 일컬어질 형이상학적 존재가 반드시 역사의 장에 나타난다. 헤라클레이토스가 하이데거에게 전쟁에 대해 많은 것을 알려 주고 있다는 것은, 이미 하이데거가 헤라클레이토스의 단편 53을 번역한 사실에서 알 수 있다. "대결은 참가한 모든 사람들에게 생산자이기도 하지만, 모든 사람들을 지배하는 수호자이기도 하다. 그것은 한쪽은 신으로 보이게 만들고, 다른 쪽은 인간으로 보이게 만든다. 그것은 한쪽을 노예로, 다른 쪽을 자유인으로 보이게 만든다."(『형이상학 입문』, 47)

그러나 이 새로운 번역에 만족하지 않고, 하이데거는 곧 이어서 설명하고 있다. "여기서 언급된 전쟁Polemos은 무엇보다 신적인 것과 인간적인 것을 지배하는 싸움이고, 인간적인 방식을 따르는 전쟁은 아니다. 헤라클레이토스가 생각한 전투는 서로 맞선 상태에서 존재하고 있는 것을 짓밟고, 현존하고 있는 입장, 위상, 그리고 서열을 연관 짓게 한다. 이런 짓밟음을 통해 틈과 간격, 거리, 틈새가 드러난다. 이런 대결을 통해 세계가 형성되는 것이다.(대결은 통일을 분리하지도 않고 파괴시키지도 않는다. 대결은 통일을 이룬다. 대결은 모으는 것 *Logos*이다. 전쟁*Polemos*과 로고스*Logos*는 동일한 것이다.)"(『형이상학 입문』, 47)

전쟁과 로고스는 동일한 것이다. 그리고 둘 다 신적인 것이며 인간적인 것이다. 이 말이 전쟁에 관한 우리의 결론이 될지도 모른다. 여기서 우리는 다시 헤라클레이토스의 핵심 통찰을 알게 되는데, 이 통찰에서는 늘 엉터리로 해명된 초개인주의Hyperindividualismus의 히브리스가 부서진다. 전쟁과 이성의 '비극적인' 근원적 통일성은 전쟁 개념을 진지하게 다루는 것을 정당화한다! 그러나 하이데거는 어떻게 "존재는 인간의 피조물이 아니다"라고 말했을까? 이것은 기술의 시대이자 대중 민주주의 시대에 인간이 완전히 도구화되고, 완전히 조작되며, 완전히 마음대로 처분할 수 있게 되었다는 것을 의미하는 '총력전'에 우리 인간들이 항복하게 된 형이상학적 핵심 이유가 아닐까? 아니면 소크라테스 이전 철학으로 회귀한 하이데거의 이 말 속에 드러난 포스트모던적 사고가 도덕적 직접성속에서 개인의 책임을 언급하며 절차적 존재의 조작적 총체성에 대항해 새로운 전쟁을 수행할 새로운 소크라테스를 고대하고 있는 것인가? 전쟁은 끊임없이 벌어지고 있다는 점을 고려해 보면 어떤 경우에도 겸손과 용기가 똑같이 요구된다.

참고 문헌

Aron, Raymond (아롱): Paix et guerre entre les nations. (『국가들 간의 평화와 전쟁』) Paris: Calmann-Lévy 1962.

_ Penser la guerre. Clausewitz. (『전쟁의 철인 클라우제비츠』) 2 Bde. Paris: Galimard 1976.

Augustinus, Aurelius (아우구스티누스): Des heiligen Kirchenvaters Aurelius Augustinus ausgewählte Schriften. (『교부 아우구스티누스 선집』) 3 Bde., übers. von Alfred Schröder. Kempten-München: Kösel 1911-1916 (www.unifr.ch/bkv).

_ / Reibstein, Ernst (라이프슈타인): Völkerrecht. Eine Geschichte seiner Ideen in Lehre und Praxis. (『국제법, 이론과 실천에서 그의 이론의 역사』) Band Ⅰ: Von der Antike bis zur Aufklärung. Freiburg/Br.-München: Alber 1958, 134f. (Nachweise zu "Contra Faustum").

Axinn, Sidney (액신): A Moral Military. (『군인의 도덕』) Philadelphia: Temple University 1989.

Barnett, Thomas P. M. (바넷): The Pentagon's New Map. War and Peace in the Twenty-first Century. (『펜타곤의 새로운 지도. 21세기 전쟁과 평화』) New York : G. P. Putnam's Sons / Penguin 2004.

Baumann, Dieter (Hg.) (바우만): Militärethik. Theologische, menschenrechtliche und militärwissenschaftliche Perspektiven. (『군대윤리. 신학적, 인권적 그리고 군사학적 관점』) Stuttgart: Kohlhammer 2007.

Beck, Ulrich (벡): Der kosmopolitische Blick oder: Krieg ist Frieden. (『코스모폴리탄적 시각 혹은 전쟁은 평화다』) Frankfurt/M.: Suhrkamp 2004.

Beyrau, Dietrich, u. a. (Hg.) (바이라우): Formen des Krieges. Von der Antike bis zur Gegenwart. (『전쟁의 형태. 고대부터 현대까지』) Paderborn u. a.: Schöningh 2007.

Bouthoul, Gaston (부툴): Les guerres. Éléments de la polémologie. (『전쟁. 전쟁학의 요소들』) Paris: Payot 1951.

_ La guerre. (『전쟁』) Paris: Universitaires de France 1953.

_ Sauver la guerre. Lettre aux futurs survivants. (『전쟁을 피하다. 미래 생존자에게 보내는 편지』) Paris: Grasset 1961.

Braun, Karl-Heinz (Hg.) (브라운): Beiträge zum modernen Kriegsbegriff. (『현대 전쟁개념론』) Wiener Neustadt: armis et litteris 2008.

Brown, Michael J., u. a. (Hg.) (브라운): Theories of War and Peace. (『전쟁과 평화 이론』) Cambridge-London: MIT 1998.

Cardini, Franco (카디니): La culture de la guerre. (『전쟁문화』) Paris: Gallimard 1992.

Christopher, Paul (Hg.) (크리스토퍼): The Ethics of War & Peace. An Introduction to Legal and Moral Issues. (『전쟁과 평화의 윤리학. 법적-도덕 적 주제에 관한 서론』) New Jersey: Prentice Hall 1994.

Cicero, Marcus Tullius (키케로): De Re Publica (『국가론』)/ Vom Gemeinwesen. Lateinisch und Deutsch, hg. von Karl Büchner. Stuttgart: Reclam 1979.

_ De Officiis (『의무론』)/ Vom pflichtgemäß en Handeln. Lateinisch und Deutsch, hg. von Heinz Gunermann. Stuttgart: Reclam 1986.

Clausewitz, Carl von (클라우제비츠): Preuß en in seiner groß en Katastrophe. (『프로이센의 대파국』) Wien: Karolinger 2001 (1823/24).

_ Vom Kriege (『전쟁론』). Berlin: Dümmler 1832 (www.gutenberg.spiegel. de).

Clausewitz-Gesellschaft (Hg.) (클라우제비츠 학회): Freiheit ohne Krieg? (『전 쟁 없는 평화?』) Bonn: Dümmler 1980.

Cleary, Thomas (Hg.) (클리어리): Sun Tus. Wahrhaft siegt, wer nicht kämpft. Die Kunst des Krieges. (『진실이 승리하면 누가 전쟁을 하나. 전쟁의 기술』) München-Zürich: Piper 2001.

Coates, Anthony J. (커츠): The Ethics of War. (『전쟁의 윤리학』) Manchester-New York: Manchester University 1997.

Copeland, Dale C. (코프랜드): The Origins of Major War. (『주요 전쟁의 기원』) Ithaca-London: Cornell University 2000.

Creveld, Martin van (크레벨트): Die Zukunft des Krieges. (『전쟁의 미래』) Hamburg: Murmann 2004.

_ The Culture of War. (『전쟁문화』) New York : Presidio 2008.

_ Die Gesichter des Krieges. Der Wandel bewaffneter Konflikte von 1900 bis heute. (『전쟁사. 1900년부터 오늘날까지 무장 분쟁의 변천』) München: Siedler 2009.

Danilenko, I. S. (다닐렌코): Russische Philosophen über den Krieg. (『러시아 전쟁철학』) Moskau-Schukowskij: Kutschkowo Polje 2005.

Dieß enbacher, Hartmut (디센바흐): Kriege der Zukunft. Die Bevölkerungsexplosion gefährdet den Frieden. (『미래의 전쟁. 인구폭발이 평화를 위협하다』) München-Wien: Hanser 1998.

Duhm, Dieter (둠): Zukunft ohne Krieg. Theorie der globalen Heilung. (『전쟁 없는 미래. 일반 치유론』) Wiesenburg: Meiga 2006.

Etzersdorfer, Irene (에처스도르퍼) : Krieg. Eine Einführung in die Theorien bewaffneter Konflikte. (『전쟁. 무장분쟁론 개론』) Wien u. a.: Böhlau 2007.

Evans, David (에반스): War. A Matter of Principles. (『전쟁. 원칙의 문제』)
London: Macmillan 1997.

Feichtinger, Barbara (파이히팅어)/ Seng, Helmut (젱)(Hg.): Krieg und Kultur.
(『전쟁과 문화』) Konstanz: Universitätsverlag 2007.

Ferguson, Niall (퍼거슨): The Pity of War. (『전쟁의 동정』) New York: Basic
Books 1999.

Fichte, Johann Gottlieb (피히테): Sämtliche Werke. (『전집』) 8 Bde., hg. von
Immanuel H. Fichte. Berlin: Veit & Comp. 1845/46 (CD-ROM: Fichte im
Kontext. Berlin: Karsten Worm Infosoftware 2002).

_ Nachgelassene Werke. (『유고』) 3 Bde., hg. von Immanuel H. Fichte.
Bonn: Adolph Marcus 1834/35 (CD-ROM: Fichte im Kontext. Berlin:
Karsten Worm Infosoftware 2002).

Geis, Anna (가이스) (Hg.): Den Krieg überdenken. Kriegsbegriff und
Kriegstheorien in der Kontroverse. (『전쟁에 대한 성찰. 전쟁 개념과 전쟁론』)
Baden-Baden: Nomos 2006.

Gilpin, Robert (길핀): War & Change in World Politics. (『세계 정치에서 전쟁과
변화』) Cambridge: Cambridge University 1981.

Glucksmann, André (글룩스만): Le discours de la Guerre. (『전쟁론』) Paris:
Grasset 1967.

_ Krieg um den Frieden. (『평화를 위한 전쟁』) Berlin: Ullstein 1998.

Grotius, Hugo (그로티우스): Über das Recht des Krieges und des Friedens.
(『전쟁과 평화의 법에 관하여』) 2 Bde., hg. von J. H. Kirchmann. Boston:
Elibron 2003 (1869).

Gruber, Stefan (그루버) : Die Lehre vom gerechten Krieg. (『정당한 전쟁론』)
Marburg : Tectum 2008.

Guss, Kurt (구스) : Krieg als Gestalt. Psychologie und Pädagogik bei Carl
von Clausewitz. (『형상으로서의 전쟁. 클라우제비츠의 심리학과 교육학』)
München: Verlag für Wehrwissenschaften 1990.

Gustenau, Gustav (구스테나우) (Hg.): Humanitäre militärische Intervention
zwischen Legalität und Legitimität. (『정당성과 합법성 사이에서 인본주의적인
군사 개입』) Baden-Baden: Nomos 2000.

Hahlweg, Werner (할벡): Carl von Clausewitz. Soldat-Politiker-Denker.
(『칼 폰 클라우제비츠. 군인-정치가-사상가』) Göttingen u. a.: Musterschmidt
1969.

Haldi, Stacy B. (할디): Why Wars Widen. A Theory of Predation and
Balancing. (『왜 전쟁은 확대되는가.약탈과 균형 이론』) London-Portland:
Frank Cass 2003.

Hammes, Thomas X. (해머스): The Sling and the Stone. On War in the 21st

Century. (『투석기와 돌. 21세기 전쟁론』) St. Paul: Zenith 2004.

Heidegger, Martin (하이데거): Einführung in die Metaphysik. (『형이상학 입문』) Tübingen: Niemeyer 1987 (1953).

Heraklit von Ephesos (헤라클레이토스): Fragmente. (『단편』) Griechisch und Deutsch, hg. von Bruno Snell. Zürich: Artemis & Winkler 2007.

Herberg-Rothe, Andreas (헤르베르크-로테): Der Krieg. Geschichte und Gegenwart. (『전쟁. 역사와 현재』) Frankfurt/M.-New York: Campus 2003.

Hirsch, Wilfried (히르쉬)/ Janssen, Dieter (얀센) (Hg.): Menschenrechte militärisch schützen. Ein Plädoyer für humanitäre Interventionen. (『군대를 통한 인권보호. 인본주의적 개입에 대한 변론』) München: Beck 2006.

Hoffmann, Stanley (호프만): The Ethics and Politics of Humanitarian Intervention. (『윤리와 인본주의적 개입 정책』) Indiana: Notre Dame University 1996.

Hofmeister, Heimo (호프마이스터): Der Wille zum Krieg und die Ohnmacht der Politik. (『전쟁의 의지와 정치력 무기력』) Göttingen: Vandenhoeck & Ruprecht 2001.

Howard, Michael (호바르트) Die Erfindung des Friedens. Über den Krieg und die Ordnung der Welt. (『평화의 고안. 전쟁과 세계질서에 관하여』) München: dtv 2005.

Huber, Wolfgang (후버)/ Reuter, Hans-Richard (로이터) (Hg.): Friedensethik. (『평화윤리』) Stuttgart u. a.: Kohlhammer 1990.

Huntington, Samuel (헌팅턴) : Kampf der Kulturen. Die Neugestaltung der Weltpolitik im 21. Jahrhundert. (『문명의 충돌. 21세기 세계 정치의 새로운 조성』) Wien-München: Europa 1996.

Husemann, Dirk (후제만): Als der Mensch den Krieg erfand. (『인간이 전쟁을 고안했을 때』) Ostfildern: Thorbecke 2005.

Ignatieff, Michael (이크나티프) : Die Zivilisierung des Krieges. Ethnische Konflikte, Menschenrechte, Medien. (『전쟁의 문명화. 인류학적 충돌, 인권, 미디어』) Hamburg: EVA / Rotbuch 2000.

Joas, Hans (요아스): Kriege und Werte. Studien zur Gewaltgeschichte des 20. Jahrhunderts. (『전쟁과 가치. 20세기 폭력의 역사 연구』) Weilerswist: Velbrück 2000.

Justenhoven, Heinz G. (유스텐호벤): Francicso de Vitoria zu Krieg und Frieden. (『프란치스꼬 데 비또리아. 전쟁과 평화에 관하여』) Stuttgart: Kohlhammer 1994.

＿ / Stüben, Joachim (스튜벤) (Hg.): Kann Krieg erlaubt sein? (『전쟁은 허락될 수 있는 것인가?』) Stuttgartt Kohlhammer 2006.

Jünemann, Alexander (위네만): Modell des Groβraums bei Carl Schmitt. (『칼

슈미트의 통일 공간 모델』) Glienicke: Galda + Wilch 2008.

Jünger, Ernst (윙어): In Stahlgewittern. (『강철폭풍에서』) Stuttgart : Klett-Cotta 1978 (1920).

＿ Der Kampf als inneres Erlebnis. (『내적체험으로서의 투쟁』) Stuttgart: Klett-Cotta 1980 (1922).

Kaldor, Mary (칼도어): Alte und neue Kriege. Organisierte Gewalt im Zeitalter der Globalisierung. (『구시대 전쟁과 현대 전쟁. 세계화 시대의 조직화된 폭력』) Frankfurt/M.: Suhrkamp 2007.

Kant, Immanuel (칸트): Gesammelte Schriften. (『전집』) 23 Bde., hg. von Wilhelm Dilthey. Berlin: Reimer 1911 (CD-ROM: Kant im Kontext II. Berlin: Karsten Worm Infosoftware 2003).

Kater, Thomas (카터): Der Frieden ist keine leere Idee. (『평화는 공허한 이념이 아니다』) Essen: Klartext 2006.

Keegan, John (케간): Die Kultur des Krieges. (『전쟁문화』) Reinbek bei Hamburg: Rowohlt 1995.

Kleemaier, Ulrike (클레마이어): Grundfragen einer philosophischen Theorie des Krieges. Platon-Hobbes-Clausewitz. (『전쟁철학의 기본 문제. 플라톤-홉스-클라우제비츠』) Berlin: Akademie 2002.

Kohlhoff, Jörg (콜호프): Vom Krieg gegen Terrorismus—Im Spiegel der Lehre des Generals Carl von Clausewitz. (『반 테러 전쟁- 칼 폰 클라우제비츠 장군의 이론을 중심으로』) Neckenmarkt: edition nove 2007.

Kondylis, Panajotis (콘딜리스): Theorie des Krieges: Clausewitz-Marx-Engels-Lenin. (『전쟁론. 클라우제비츠-마르크스-엥겔스-레닌』) Stuttgart: Klett-Cotta 1988.

Kreis, Georg (크라이스) (Hg.) : Der "gerechte Krieg." Zur Geschichte einer aktuellen Denkfigur. (『정당한 전쟁. 최신 사유 모델의 역사에 관하여』) Basel: Schwabe 2006.

Krippendorff, Ekkehart (클리펜도르프): Staat und Krieg. Die historische Logik politischer Unvernunft. (『국가와 전쟁. 정치적 비이성의 역사적 논리학』) Frankfurt/M.: Suhrkamp 1985.

Kulla, Ralf (쿨라): Politische Macht und politische Gewalt. (『정치권력과 정치폭력』) Hamburg: Dr. Kovac 2005.

Kunisch, Johannes (쿠니쉬)/ Münkler, Herfried (뮌클러) (Hg.): Die Wiedergeburt des Krieges aus dem Geist der Revolution. (『혁명정신으로부터 전쟁의 부활』) Berlin: Duncker & Humblot 1999.

La Maisonneuve, Eric de (메종뇌브): Le Métier de Soldat. (『직업 군인』) Paris: Economica 2002.

Lissmann, Konrad Paul (리스만): Der Vater aller Dinge. Nachdenken über den Krieg. (『모든 사물의 아버지. 전쟁에 대한 성찰』) Wien: Zsolnay 2001.

Lütsch, Kai (뤼취): Jeder Krieg ist anders. Jeder Krieg ist gleich. Eine Analyse des Kriegsbegriffs bei Carl von Clausewitz. (『모든 전쟁은 다 르다. 모든 전쟁은 동일하다. 클라우제비츠의 전쟁 개념 분석』) Potsdam: Militärgeschichtliches Forschungsamt 2009.

Machiavelli, Niccolò (마키아벨리): The Art of War. (『전쟁의 종류』) New York: Da Capo 1965 (1521).

Maeder, Christoph, u. a. (마에더) (Hg.): Krieg-Guerre. (『전쟁』) Zürich: Seismo 2009.

Matuszek, Krysztof C. (마투스첵) : Der Krieg als autopoietisches System. (『오토포이에시스 체계로서의 전쟁』) Wiesbaden: Deutscher Universitätsverlag 2007.

Meiβner, Burkhard, u. a. (마이스너) (Hg.): Krieg-Gesellschaft-Institutionen. (『전쟁-사회-제도』) Berlin: Akademie 2005.

Menzel, Ulrich (멘첼): Zwischen Idealismus und Realismus. Die Lehre von den Internationalen Beziehungen. (『관념론과 실제론 사이에서. 국제 관계 이 론』) Frankfurt/M.: Suhrkamp 2001.

Möller, Hans G. (뮐러)/ Wohlfart, Günter (볼파르트) (Hg.): Philosophieren über den Krieg. War in Eastern and Western Philosophies. (『전쟁철학. 동 서양철학에서의 전쟁』) Berlin: Parerga 2008.

Müller, Friedhelm (뮐러) (Hg.): Vegetius - Abriss des Militärwesens. (『베게 티우스-군사제도 개요』) Stuttgart: Franz Steiner 1997.

Multitude e. V./ Unfriendly Takeover (Hg.): Wörterbuch des Krieges/ Dictionary of War. (『전쟁사전』) Berlin: Merve 2008.

Münkler, Herfried (뮌클러): Gewalt und Ordnung. Das Bild des Krieges im politischen Denken. (『폭력과 질서. 정치적 사유에서의 전쟁』) Frankfurt/M: Fischer 1992.

__ Die neuen Kriege. (『새로운 전쟁』) Reinbek bei Hamburg: Rowohlt 2002.

__ Über den Krieg. Stationen der Kriegsgeschichte im Spiegel ihrer theoretischen Reflexion. (『전쟁에 관하여. 전쟁사에 대한 이론적 성찰』) Weilerswist: Velbrück 2002.

__ Der Wandel des Krieges. Von der Symmetrie zur Asymmetrie. (『전쟁의 변 화. 대칭성에서 비대칭성으로』) Weilerswist: Velbrück 2006.

Nardin, Terry (나딘) (Hg.): Hie Ethics of War and Peace. Religious and Secular Perspectives. (『전쟁과 평화의 윤리. 종교적,세속적 관점에서』) New Jersey: Princeton University 1998.

Natorp, Paul (나토릅) Kant über Krieg und Frieden. (『칸트의 전쟁과 평화론』) Leipzig: Superbia 2008.

Neckel, Sighard (네켈)/ Schwab-Trapp, Michael (슈밥) (Hg.): Ordnungen der Gewalt. Beiträge zu einer politischen Soziologie der Gewalt und des Krieges. (『폭력의 질서. 폭력과 전쟁의 정치사회학』) Opladen: Leske+Budrich 1999.

Neitzel, Sönke (나이첼)/ Hohrath, Daniel (회라트) (Hg.): Kriegsgreuel. Die Entgrenzung der Gewalt in kriegerischen Konflikten vom Mittelalter bis ins 20. Jahrhundert. (『전쟁의 전율. 중세부터 20세기까지 전쟁에서 폭력의 탈경계화』) Paderborn u. a.: Schöningh 2008.

Nietzsche, Friedrich (니체): Werke. (『전집』) 3 Bde., hg. von Karl Schlechta. München: Hanser 1982.

Paret, Peter (파렛): Understanding War. Essays on Clausewitz and the History of Military Power. (『전쟁에 대한 이해. 클라우제비츠와 군사력의 역사』) New Jersey: Princeton University 1992.

__ Clausewitz und der Staat. (『클라우제비츠와 국가』) Bonn: Dümmler 1993.

Philipps, Robert L. (필립스)/ Cady, Duane L. (캐디): Humanitarian Intervention. Just War versus Pacifism. (『인본주의적 개입. 전쟁 대 평화주의』) Maryland: Rowman & Littlefield 1996.

Philonenko, Alexis (필로넨코): Essais sur la philosophie de la guerre. (『전쟁철학』) Paris: Vrin 1988.

Platon (플라톤): Politeia (『국가』) (= Sämtliche Werke Bd. 2). Reinbek bei Hamburg: Rowohlt 2004.

__ Nomoi (『법률』) (= Sämtliche Werke Bd. 4). Reinbek bei Hamburg: Rowohlt 2006.

Presbey, Gail M. (프레스비) (Hg.): Philosophical Perspectives on the "War on Terrorism." (『테러와의 전쟁에 대한 철학적 관점』) Amsterdam-New York: Rodopi 2007.

Ramonet, Ignacio (라모네트): Kriege des 21. Jahrhunderts. Die Welt vor neuen Bedrohungen. (『21세기 전쟁. 새로운 위협 앞에 선 세계』) Zürich: Rotpunkt 2002.

Rauchensteiner, Manfried (라우헨슈타이너) (Hg.): Clausewitz, Jomini, Erzherzog Carl. (『클라우제비츠, 조미니, 칼 대공』) Wien: ÖBV 1988.

Reiter, Erich (라이터) (Hg.): Der Krieg um das Kosovo 1998/99. (『1998/99 코소보 전쟁』) Mainz: Hase & Koehler 2000.

Revault d'Allonnes, Myriam (르볼 달론느): Warum führen Menschen Krieg? (『사람은 왜 전쟁을 할까?』) Frankfurt/M.- New York: Campus 2008.

Riesenberger, Dieter (라이젠베르크): Den Krieg überwinden. (『전쟁을 극복하다』) Bremen : Donat 2008.

Roninger, Rainer (로닝어): Heer und Demokratie. (『군대와 민주주의』) Wien:

Österreichische Staatsdruckerei 1991.

Rösener, Werner (뢰스너) (Hg.): Staat und Krieg. Vom Mittelalter bis zur Moderne. (『국가와 전쟁. 중세부터 현대까지』) Göttingen: Vandenhoeck & Ruprecht 2000.

Rothfels, Hans (로테펠스): Carl von Clausewitz – Politik und Krieg. Eine ideengeschichtliche Studie. (『칼 폰 클라우제비츠– 정치와 전쟁. 이념사적 연구』) Berlin: Dümmler 1980 (1920).

Rühle von Lilienstern (륄레), Johann Jakob (요한): Apologie des Krieges. (『전쟁을 위한 변명』) Wien: Karolinger 1984 (1813).

Scheler, Max (쉘러): Die Idee des Friedens und des Pazifismus. (『평화 평화주의 이념』) Bern : Francke 1974 (1927).

Schelkshorn, Hans (쉘크스호른)/ Thaler, Mathias (탈러) (Hg.): Gerechter Krieg? (『정당한 전쟁?』) Wien: Wiener Gesellschaft für interkulturelle Philosophie 2007 (polylog 16).

Schmitt, Carl (슈미트): Frieden oder Pazifismus? Arbeiten zum Völkerrecht und zur Internationalen Politik. (『평화 혹은 평화주의? 국제법과 국제정치에 관해』) Herausgegeben, mit einem Vorwort und mit Anmerkungen versehen von Günter Maschke. Berlin: Duncker & Humblot 2005 (1924–1978).

_ Der Begriff des Politischen. (『평화주의 개념』) Berlin: Dunker & Humblot 1963 (1932).

_ Das politische Problem der Friedenssicherung. (『평화보장을 위한 정치문제』) Wien-Leipzig: Karolinger 2003 (1934).

_ Die Wendung zum diskriminierenden Kriegsbegriff. (『전쟁 개념 구분으로 전환』) Berlin: Dunker & Humblot 2007 (1938).

_ Völkerrechtliche Groβraumordnung mit Interventionsverbot für raumfremde Mächte. (『타국의 개입 금지를 통한 국제법상의 질서』) Ein Beitrag zum Reichsbegriff im Völkerrecht. Berlin: Duncker & Humblot 1991 (1941).

_ Land und Meer. Eine weltgeschichtliche Betrachtung. (『땅과 바다. 세계사적 성찰』) Stuttgart: Klett-Cotta 1954 (1944).

_ Der Nomos der Erde im Völkerrecht des Jus Publicum Europaeum. (『유럽 공법의 국제법 상 영토법』) Berlin: Duncker & Humblot 1997 (1950).

_ Theorie des Partisanen. Zwischenbemerkung zum Begriff des Politischen. (『파르티잔 이론. 정치적인 것의 개념에 관해』) Berlin: Duncker & Humblot 2006 (1963).

Schröfl, Josef, u. a. (쉬뢰플) (Hg.): Aspekte der Asymmetrie. Reflexionen über ein gesellschafts- und sicherheitspolitisches Phänomen. (『비대칭성의 관점. 사회정치적 안보정치적 현상들에 대한 성찰』) Baden-Baden: Nomos

2006.

Sen, Amartya (젠): Die Identitätsfalle. Warum es keinen Krieg der Kulturen gibt. (『동일성의 몰락. 왜 문화전쟁은 존재하지 않는가?』) München: Beck 2007.

Simmel, Georg (짐멜): Soziologie. Untersuchung über die Formen der Vergesellschaftung. (『사회학. 사회화 형태에 관한 연구』) Berlin: Duncker & Humblot 1983 (1908).

_ Der Krieg und die geistige Entscheidung. (『전쟁과 정신적 결정』) Frankfurt/M.: Suhrkamp 1999 (1917).

Sloterdijk, Peter (슬로터디지크): Luftbeben. An den Quellen des Terrors. (『하늘의 전율. 테러의 근원에 부쳐』) Frankfurt/M.: Suhrkamp 2002.

Spinoza, Baruch de (스피노자): Sämtliche Werke. (『전집』) 7 Bde., hg. von Wolfgang Bartuschat. Hamburg: Meiner 2005.

Spreen, Dirk (슈프렌): Krieg und Gesellschaft. Die Konstitutionsfunktion des Krieges für moderne Gesellschaften. (『전쟁과 사회. 현대사회에서 전쟁의 구성적 기능』) Berlin: Duncker & Humblot 2008.

Stephan, Cora (슈테판): Das Handwerk des Krieges. (『전쟁 기술』) Berlin: Rowohlt 1998.

Strickmann, Eva (슈트릭만): Clausewitz im Zeitalter der neuen Kriege. (『새로운 전쟁 시대의 클라우제비츠』) Glienicke: Galda + Wilch 2008.

Strub, Jean (슈트룹)/ Grotefeld, Stefan (그로테펠트) (Hg.): Der gerechte Friede zwischen Pazifismus und gerechtem Krieg. (『평화주의와 정당한 전쟁 사이의 정당한 평화』) Stuttgart: Kohlhammer 2007.

Stupka, Andreas (슈투프카): Strategie denken. (『전략적 사유』) Wien: Arbeitsgemeinschaft Truppendienst/ Bundesministerium für Landesverteidigung 2008.

Swetschin, Alexander (스베친): Clausewitz. (『클라우제비츠』) Bonn: Dümmler 1997 (1935).

Teichmann, Jenny (타이히만): The Philosophy of War & Peace. (『전쟁과 평화 철학』) Exeter: Academic 2006.

Toner, James H. (토너): The Sword and the Cross. Reflections on Command and Conscience. (『칼과 십자가. 명령과 양심에 관한 성찰』) New York u. a.: Praeger 1992.

_ The American Military Ethic. A Meditation. (『미국 군대윤리. 성찰』) New York u. a.: Praeger 1992.

_ True Faith and Allegiance. The Burden of Military Ethics. (『참된 신념과 충성. 군대윤리의 부담』) Lexington: University of Kentucky 1995.

_ Morals under the Gun. The Cardinal Virtues, Military Ethics, and

American Society. (『총 아래서의 도덕. 추기경의 미덕, 군대윤리, 미국 사회』) Lexington: University of Kentucky 2000.

Tuck, Richard (턱): The Rights of War and Peace. Political Thought and the International Order from Grotius to Kant. (『전쟁과 평화의 권리. 그로티우스 부터 칸트까지 정치적 사유와 국제 질서』) Oxford: Oxford University 1999.

Virilio, Paul (비릴리오)/ Lotringer, Sylvère (로트링어): Der reine Krieg. (『순수 한 전쟁』) Berlin: Merve 1984.

Voigt, Rüdiger (포이크트) (Hg.): Krieg - Instrument der Politik? Bewaffnenete Konflikte im Übergang vom 20. zum 21. Jahrhundert. (『전 쟁-정치의 도구? 20세기에서 21세기로 넘어가는 전환기에 일어난 무장분쟁』) Baden-Baden: Nomos 2002.

Waltz, Kenneth N. (발츠): Man, the State, and War. A Theoretical Analysis. (『인간, 국가, 그리고 전쟁. 이론적 분석』) New York: Columbia University 2001 (1954).

Walzer, Michael (발처): Gibt es den gerechten Krieg? (『정당한 전쟁은 있는 가?』) Stuttgart: Klett-Cotta 1982.

__ Erklärte Kriege - Kriegserklärungen. (『전쟁선언-선전포고』) Hamburg: EVA 2003.

Weiers, Michael (바이어스): Zweitausend Jahre Krieg und Drangsal und Tschinggis Khans Vermächtnis. (『이천 년 간의 전쟁, 압제, 그리고 칭기스칸의 유언』) Wiesbaden: Harrassowitz 2006.

Welzer, Harald (벨처): Klimakriege. Wofür im 21. Jahrhundert getötet wird. (『기후전쟁. 21세기에는 무엇 때문에 죽을까?』) Frankfurt/M.: Fischer 2008.

Wolkogonow, Dimitrij A.(볼코고노프): Ethik für den sowjetischen Offizier. (『소 련 장교 윤리』) Berlin: Militärverlag der DDR 1975.

Zangl, Bernhard (창엘)/ Zürn, Michael (취른): Frieden und Krieg. (『평화와 전 쟁』) Frankfurt/M.: Suhrkamp 2003.

Zeller, Otmar (첼러): Menschenrechte und gerechter Krieg. (『인권과 정당한 전쟁』) Neckenmarkt: edition nove 2009.

인명 색인